푸코와 교육

현대 교육의 계보

Stephen J. Ball 지음

손준종 · 오유진 · 김기홍 · 황정란 역

『푸코, 권력, 교육(Foucault, Power and Education)』은 국제적으로 저명한 교육사회학자인 스티븐 볼(Stephen J. Ball) 교수를 통해 교육정책에 대한 푸코의 중요성과 영향을 살펴본다. 볼은 푸코가 교육적 질문과 교육에 관한 질문과 관련하여 어떤 위치에 있는지 주목하고, 푸코의 개념과 방법, 교육 연구 및 분석 사이의 관계를 살펴본다. 제1장에서는 푸코의 관심사를 간단히 설명하며, 다른 장에서는 볼 스스로 푸코의 아이디어를 현대의 교육문제에 적용하고자 했던 방법을 탐색한다. 이 집약적이고 개인적이며 성찰적인 이 책에서 볼은 푸코에 대한 자신의 독특한 해석, 즉, 푸코주의자 연장통(Foucauldian toolbox)을 제공한다. 이 책은 교육정책과 교육 연구 수업에 이상적이며, 푸코의 저작과 사상을 처음 접하는 모든 교육학자가 꼭 읽어야 하는 귀중한 수업 자료이다.

TFG에게 감사한다.

차례

표·그림 목차

시리즈 편집자 서문

루틀리지(Routledge)의 핵심 아이디어(key ideas) 시리즈는 주요 인물과 주제를 소개하고, 그들의 교육 분야에 대한 특별한 함의를 분석한다.[1] 해당 분야에서 가장 저명한 사상가들이 쓴 '핵심 아이디어'는 시리즈 저자의 과거와 현재의 연구에 바탕으로 이루어졌으며, 특히 이들 아이디어가 교육의 이론, 연구, 실천, 정책에 영향을 미치는 방식에 주의를 기울인다. 구체적으로, 이 책은 교육은 물론이고 관련 분야에도 반향을 일으킨 저명한 저자와의 특별한 대화를 제공한다. 이 시리즈는 과거, 현재, 미래의 교육에서 이들 아이디어가 어떻게 활용되고 그 역할이 무엇인지를 구성하는 데 도움을 준 당국과의 대화이기도 하다. 얇지만 대단한 이 책은 입문서 이상이다. 오늘날 교육 현장을 조명하고 기본 현상이나 비판적 주제와 대화하게 함으로써 교육 분야에서 토론을 계속하도록 한다. 이 시리즈는 핵심 아이디어와 교육을 통해 사고하는 초심자에서 중견 학자에 이르는 다양한 독자의 교육적 상상력을 자극할 것이다.

그렉 디미트리아디스, 버펄로 대학교, 미국
밥 링가드, 퀸즐랜드 대학교, 오스트레일리아

---

1) 현재 출판된 루틀리지 교육분야 핵심 아이디어 시리즈(Routledge Key Ideas in Education Series)는 브리츠만(Deborah P. Britzman)의 『프로이드와 교육(Freud and Education)』, 아농(Jean Anyon)의 『마르크스와 교육(Marx and Education)』, 리즈비(Fazal Rizvi)의 『지구화와 교육(Globalization and Education)』이다.

서문

그리고 내가 무엇을 해야 하는지 말하지 않는다면, 그것은 내가 할 일이 없다고 믿기 때문이 아닙니다. 반대로, 연관된 권력관계를 인식하고, 저항이나 탈출을 결정한 사람들이, 행하고, 만들고, 추진할 수 있는 것이 수없이 많다고 믿기 때문입니다. 이런 점에서 나의 모든 연구는 절대적 낙관주의에 근거하고 있습니다 (Foucault, 1991b, p.174).

이 책에는 허술한 결말, 타협, 빠뜨린 기회들로 가득하다. 미처 다루지 못했지만, 다시 돌아가면 다루고 싶은 것에 관한 아쉬움도 많다. 이것은 모험이고, 도전이며, 시작이다. 푸코의 유명한 말을 빌리자면, '나는 마지막 작품을 위해서 책을 쓰지 않는다. 내가 굳이 쓰지 않더라도, 가능할 다른 책들을 위해 책을 쓴다.' 폴 베인(Paul Veyne)은 '이동하는 눈으로 덮인 경사면의 얼음에 아이젠이 박히는 것을 느끼며 행복해하는' 순간이 있다(2010, p.66)는 등산에 푸코 이해하기를 비유한다. 나는 그러한 행복한 순간을 느꼈고, 독자들도 얼마간 경험할 수 있기를 바란다.

책을 쓰는 동안 동료들은 나에게 '이름을 확인'하고 참고문헌을 검토할 필요가 있으며, 제대로 알지 못하여 다른 사람들의 영역을 침해할 위험이 있음을 알려 주었다. 나는 그것을 언제나 확인하지 않았다는 것을 잘 알고 있다 — 미안하게 생각한다. 나는 교육 정책과 진리의 변화를 개관한 이 '완성되지 않은' 작업에서 비판적 인종이론, 페미니즘, 장애 연구가 갖는 의미에 대해서는 충분한 관심을 기울이지 못했다.

많은 사람이 이 책을 쓰는 데에 직간접적으로 도움을 주었다. 시리즈 편집자 그렉 디미트리아디스(Greg Dimitriardis)와 밥 린가드(Bob Lingard)의 건설적인 논평과 나의 지도 학생들 읽기 모임의 인내심에 특별히 감사한다. 또한, 줄리 앨런(Julie Allan), 펠리시티 암스트롱(Felicity Armstrong), 패트릭 베일리(Patrick Bailey), 트리니다드 볼(Trinidad Ball), 파블로 델 몬테(Pablo del Monte), 데이브 길본(Dave Gillborn), 에밀리아노 그리말디(Emiliano Grimaldi), 제인 맥케이(Jane Mckay), 멕 맥과이어(Meg Maguire), 제인 마틴(Jane Martin), 파울라 메나(Paula Mena), 안토니오 올메도(Antonio Olmedo), 제인 페리만(Jane Perryman), 니콜라 롤록(Nicola Rollock), 디에고 산토리(Diego Santori), 로저 슬리(Roger Slee), 캐롤 빈센트(Carol Vincent), 데보라 유델(Deborah Youdell) 등으로부터 매우 긍정적인 피드백과 지지를 받았다. 많은 수고를 감당해 준 그들은 모두 매우 친절했으며, 그들의 배려에 이루 말할 수 없이 감사한다.

자나 사위키(Jana Sawicki)[1]는 1983년 버몬트의 한 세미나에서 푸코(Michael Foucault)와 다음과 같은 대화를 나누었다고 한다.

> 저는 푸코에게 그의 휴머니즘 비판에 관한 논문을 막 마쳤다고 말했습니다. 그는 약간 당황스러워했지만 아주 진지하게 반응했어요. 그리고 자기에 관한 연구에 에너지를 쓰기보다 자신이 해 온 작업, 즉 계보학을 할 것을 제안했습니다(자나 사위키, 1991: 15).

나는 '푸코를 연구하지' 않았고, 푸코주의자도 아니지만, 푸코와 그의 주장을 설명하고 탐구하고자 애쓸 것이다. 나는 특정 학설이나 단일 이론을 고수하는 학자 공동체에 헌신하는 것보다 여태껏 연구되지

---

* 　원문에는 없지만 독자들의 이해를 돕기 위해 [ ] 안에 설명을 추가했다.
1) 　[역주] 자나 사위키는 미국 윌리엄대학(William college)의 철학과 교수로 퀴어이론과 페미니즘 연구자이다. 푸코와 페미니즘과의 관계를 분석한 많은 연구를 진행하였으며, 대표작으로는 『Disciplining Foucault: Feminism, Power and the Body』(New York: Routledge Press, 1991)가 있다.

않은 주제를 찾는 일에 더 관심이 많다. 나는 오랫동안 학자로서 안정된 정체성을 확립하고자 했으며, 정체성이 심하게 도전받지 않을 역사적 토대를 지닌 학문 공동체에서 즐겁고 생산적으로 연구하기를 원했다. 연구하며 겪는 갖은 어려움과 갈등을 해결할 단서를 제공하는 사유체계나 사상, 그리고 사상가를 찾고자 했다. '현명한 바보'처럼 특정한 '무엇'이 되는 일[어딘가에 소속되고 이름을 부여받는 일]은 매우 매력적이고 이로운 것처럼 보였다. 그랬다면 나는 베버주의자이거나 상징적 상호작용론자 또는 비판적 민속지학자였을 것이고, 그들의 주장과 "초월적 목적"을 원만하게 포괄했을지도 모른다(Foucault, 1972). "그랬을지도 모르지만" 나는 충분히 확신하지 못했고, 정체성 또한 확립되지 않았다.

그러나 푸코를 읽으면서 이 모든 것들을 중단했다. 푸코를 읽는 것은 투쟁이자 충격이었으며 경이로움 그 자체였다. 찰스 테일러(Charles Taylor)도 "푸코는 당황스럽다"(1986: 69)라는 말로 푸코에 관한 에세이를 시작했었다. 푸코의 많은 독창적 아이디어들은 앞으로 기술하고 설명할 교육과정, 교육제도, 교육정책 관련 연구에서 매우 중요하다. 하지만 푸코의 관점, 연구 스타일, 학자와 지식인으로서의 면모 그리고 '어떤 것'이 되지 않으려는 그의 투쟁은 나에게도 중요했다. 이것은 푸코가 행한 자기 실천으로서 특별한 지적 작업의 윤리이다. 푸코의 작업은 인간과학의 밖에서 사회를 바라보면서도 사회의 일부로서 인간과학을 이해하는 시도로 정의할 수 있다. 그에게 사회란 해방의 공간이자, 불가능의 공간이었다(4장 참조). 베인(Veyne, 2010)은 푸코에 관한 자신의 책 제목을 "금붕어 어항과 사무라이"(The goldfish bowl and the samurai)로 지으려고 했다.2) 푸코의 지적 프로젝트는 전통적인 학문적, 이론적 입장을 넘어설 수 있는 여지를 제공한다. 그는 전통적인 학문과 이론의 예속으로부터 벗어나 그것을 분석하고 비판하며, 근대 정치와 학문에 새겨진 "진보의 정신"에 의문을 제기했다. 푸코는 보편적이고 자명한 인간성 개념에 강하게 반대했다. 팝케위츠와 브레넌 (Popkewitz and Brennan, 1998)은 "우리 목적과 관련하여, 푸코는 다른 유형의 이론적, 정치적 프로젝트의 가능성을 제공한다. 그는 자신의 입장에 특권을 부여하지 않는다"라고 말했다. 푸코는 확실히 불편하고 모호하다. 버첼(Burchell)의 설명처럼, "[현재의 역사는] 어쩔 수 없이 얽히거나 연관된 사고와 행위의 공화국이나 공동체의 시민으로서가 아닌 경험"을 포함한다(1996: 30). 여기에는 이중의 양가감정이 있는데, 그 하나는 학문과 관련된 것이고, 다른 하나는 통치 실천 그리고 "무엇을 어떻게 생각할지 모르는 것"에 대한 끊임없는 도전과 관련된 것이다(Burchell, 1996: 30). 여기에는 역량(compentence) 테크놀로지와 자아 테크놀로지의 긴장 속에서 연구할 방법을 찾는 것이 포함된다.

푸코 읽기를 통해 학자이자 사회 비평가로서 나는 무엇을 해야 하는가, 윤리적으로 나는 누구이며 무엇이 될 수 있을까에 대한 의문을 갖게 되었다. 내가 결정되는 방식이 아니라, 어쩌면 내가 부정될 수도 있는 경우도 마주해야 했다. 푸코는 생산적이고, 생성적인 방법으로 나를 불편하게 했다. 그는 근대적 인간과학이라는 산업 속에서 내가 수행한 연구들의 주장, 목적, 역할을 뒤흔들어 버린다. 결국 안도의 한숨을 내쉬며 쉽게 그 산업으로 되돌아간다고 해도 마찬가지다. 독특한 푸코의 연구들은 '정상' 사회과학의 진술(inscription), 한계, 구조를 거

---

2) [역주] 베인(Veyne)은 푸코를 어항 밖에서 금붕어를 관찰하는 것처럼 세상 밖에서 세상을 관찰하는 회의주의자로 규정한다. 그러나 푸코는 금붕어 관찰자이자 그 자신이 바로 금붕어라고 할 수 있다. '금붕어 어항과 사무라이'(The goldfish bowl and the samurai)는 세상을 벗어날 수 없지만 펜을 칼처럼 다루며 그 세상을 관찰한 푸코를 비유한 표현이다.

부하는 차원에서 보고 읽으며 이해할 필요가 있다. 옥살라(Oksala)는 "푸코의 의도에 더 가까워진다는 것은 자유에 대한 흔들리기 쉬운 의지를 놓치지 않으면서, 뿌리 깊은 사회 질서에 의문을 품고 그것에 깊이 새겨진 모든 진리를 포기하려는 마음을 갖는 것이다"(2007: 1)라고 말한다.

푸코는 종종 아주 다른 방식으로 읽히기도 하지만 그의 연구는 자유로운 존재와 함께 자유의 위험에 대한 것이기도 하다. 푸코는 "내 역할은 사람들에게 그들이 느끼는 것보다 훨씬 더 자유롭다는 것을 보여 주는 것"(Martin et al., 1988: 10)이라고 말했다. 그는 자유의 의미에 대해 질문하지만 어떠한 상태로서의 자유 개념에 대해서는 반대한다. 많은 사람들에게 푸코는 자유의 불가능성을 생산하는 권력, 규율, 주체화, 규범화의 역사가로 읽히는 경향이 있다. 그러나 그것은 위험한 오독이며 푸코의 일면만을 본 것이라고 할 수 있다. 그는 유순함의 생산만큼 자유의 양상에 대해서도 관심이 많았다. 다소 과장된 면이 있지만 멘디에타(Mendieta)는 "계보학은 자유의 과학이라고 말할 수 있다"라고 주장한다(2011: 113). 이는 주체성과 학문에 관한 다양한 논의거리를 제공하는데 이 문제는 책의 말미에서 간단히 다룰 것이다.

무엇보다도 푸코는 최근의 권력 담론에 개입할 효과적인 도구를 계속해서 제공한다. 푸코는 "내가 한 모든 일은, 그것이 사용되기 위한 것"(Defert and Ewald, 2001: 911-912)이라고 말했다. 특히 그는 줄곧 "어떤 것들이 생각하는 것만큼 필수적인 것이 아니었음을"(Foucault, 1991a: 76), 그럼으로써 "그것들이 생각하는 것만큼 필수적인 것이 아닌" 이유를 보여 주고자 했다. 만약 우리가 푸코를 그저 또 다른 계몽주의자 또는 후기 구조주의자로 이해한다면 이 모든 것이 혼란스럽고 어려우며 지루할 수 있다. 푸코 읽기라는 도전은 푸코에 동의하는 것이 아니라 그를 통해 혼란에 빠지는 것이며, 새로운 여지에 대해 생각하는 것이자 새로운 사고의 가능성을 모색하는 것이다.

그러나 앞서 말했듯이 나는 푸코주의자는 아니다. 사실 대부분의 내 연구와 글들은 여전히 '의미의 문제'에 초점을 두며 사회를 해석하고 설명하는 기초로서 행위자를 중요시한다. 이를 위해 신비스럽고 모더니스트적인 참여관찰 방법을 사용하기도 한다. 이와 아주 대조적으로, 푸코의 연구는 지식을 다룰 때 인식론적 차원(진리에의 요구)보다는 고고학적 차원(규칙과 질서)에서 작동하는 "사고의 무의식적 구조"와 조직화된 담론에서 출발한다. 인식론적 논의가 지식의 객체와 주체를 분리하고, 진리를 규명하고자 하는 것이라면, 고고학적 논의는 특정 담론이 어떻게 과학의 지위를 얻는지 그리고 특정 담론이 진리로 간주되는 조건을 어떻게 만들어 내는지에 관한 것이다.

나는 말하는 개인의 관점이나 그들이 말하는 것의 형식적 구조의 관점이 아니라 바로 그러한 담론에 작용하는 규칙의 관점에서 과학적 담론을 탐구하고자 했다. 린네(또는 페티 또는 아놀드)가 이루고자 했던 것은 자신의 담론을 일반적으로 일관되고 참된 것으로 만드는 것이 아니라, 그것이 쓰이고 채택될 때 과학적 담론으로서의 가치와 실질적 타당성을 부여받는 것이었다(Foucault, 1970b: xiv).

푸코는 철저하고 지속적으로 어떻게 '인간이 주체로 만들어지는가'(Foucault, 1982: 208)에 관심이 있었다. 그러나 "말하는 주체" 자체에 관심이 있는 것은 아니었다. 실제로 그는 "인간학적 편견(anthropological prejudice)"이라 부른 자아에 대한 근대적 집착이 사유의 가능성을 방해한다고 생각했다. 그는 "오늘날 우리는 인간의 소멸로 인해 남겨진 공간이 아니고서는 사고하는 것이 더 이상 가능하지 않으며"(Foucault, 1970b: 373)3) 이 공간은 "사고하는 것을 가능하게 하는 열린 공간 그 이상도 이하도 아니다"라고 말한다. 우리는 마리아 탐보우코우(Maria Tamboukou)와 함께 편집한 책『위험한 조우: 계보학과 문화기술지』(Tamboukou and Ball, 2004)에서 담론과 해석학 사이의 긴장 속에 내재된 연속성, 확실성, 모순을 탐구했다. 계보학자와 인류학자들은 특별히 일상적 삶의 사소함, 평범한 실천과 사회적 관계에 배태된 권력의 방식, 실천의 무계획적이고 우연한 성격에 매료되었다. 목록, 양식, 격자(grids), 서열을 매기는 것이 가르치고 배우는 교육적 실천의 의미를 바꾸고 이러한 실천과 관련한 교육자, 학습자 됨의 의미를 변화시키는 방식을 분석한 "수행성" 연구는 푸코에 대한 나의 생각을 명확하게 했다. 이 문제는 4장에서 다시 다룰 것이다.

대부분의 푸코 연구는 이와 같은 실천, 권력관계4), 통치의 문제에 초점을 맞추고 있었다. 특히 '중간 시기', 그의 관심은 '인구 관리'와 '생명 권력'이라 불렀던 것(교육에서 중요한 부분을 이루는 것)이었는데, 이는 2장에서 다루고자 한다. 그는 건축물, 조직적 배치, 전문적 기술과 지식, 분류 체계와 "분리 실천", 치료 절차를 통한 권력의 흐름에 관심을 가졌다. 또한 권력이 우리 몸과 행동에 기입되는 방식, 즉 우리를 전체화하는 동시에 개별화하는 생산적인 것으로 권력에 주목했다. 푸코는 "권력은 생산한다. 권력은 실재를 생산한다"라고 주장했다 (Foucault, 1979: 194).

---

3) [역주] 책에는 34쪽으로 되어 있으나 373쪽의 오기이다.
4) 푸코는 1983년 버클리대학의 역사학과 학생들과의 질의응답에서, "당신은 권력(power)이 도처에 있다고 말하는 것입니까?"라는 질문에 "아니오, 권력관계 (power relations)가 도처에 있습니다"라고 대답했다.

나는 분석의 어려움을 겪을 때, 푸코로 되돌아갈 것이고, 관계가 있든 없든, 어떤 것이든 푸코를 읽을 것이다. 그는 나의 마음을 말끔히 정리해 주고 새로운 공간에서 다르게 생각하도록 해 주며, 오늘날 사회학적 작업에 만연한 분석의 진부함(clicheés)에서 벗어나게 해 준다. 그의 글에서 늘 우아함과 매력을 느낀다. 비록 푸코처럼 쓰고자 한 적은 없지만, 그는 나의 글과 글쓰기 방식, 작가의 역할, 텍스트 생산의 과정에 대한 사고방식을 변화시켰다. 푸코는 글쓰기에 몰두했으며 글쓰기에 대해 "언제나 그 자체의 규칙을 위반하고, 한계를 넘어서는 게임과 같다"(Foucault, 1998: 206)라고 생각했다. 그는 글쓰기가 자유의 실천으로서 중요하다고 생각했으며 가장 최근의 글에서 "자기 글쓰기(self writing)"라 불렀던 텍스트의 생산을 통해 자신을 형성하는 일의 가능성을 탐구했다(Foucault, n.d.). "나는 글을 쓸 때, 무엇보다도 나 자신을 바꾸고 이전과 다른 방식으로 생각하고자 한다"(Foucault, 1991b: 27)라고 말하며 지적인 문제와 글쓰기에 접근하는 방식을 분명히 한다. 그리고 지적 열정을 자신에 대한 작업의 방식으로 여긴다. 푸코는 언제나 자신의 작업을 과정으로, 끝나지 않는 것으로, 쉬지 않고 열정적으로 추진했으며, 우리가 매일 해야 할 임무는 가장 위험한 것이 무엇인지 결정하는 것이라고 보았다.

내 요점은 모든 것이 나쁘다는 것이 아니라, 모든 것이 위험하다는 것이다. '위험한'은 '나쁜'의 동의어가 아니다. 만약 모든 것이 위험하다면 우리는 언제나 무엇인가를 해야 한다. 그래서 나의 입장은 냉소적이지 않고 보다 수준 높은 회의적 행동주의로 이끄는 데 있다(Foucault, 1983c: 231-232, 4장 참조).

우리는 푸코를 저술가뿐만 아니라 강연하는 학자로 이해하는 것 또한 중요하다. 실제로 그의 연구들 사이에는 상당한 간격이 있다. 예를 들어, 『지식의 고고학』은 1969년, 『감시와 처벌』은 1975년, 『성의 역사』 1권은 1976년, 2·3권은 1984년에 프랑스에서 발간되었다. 그리고 완성되지는 못했지만 많은 저술 계획을 밝혔다. 그는 작가, 연구자, 언론인, 정치 활동가, 인터뷰 대상이었다. 콜레쥬 드 프랑스의 교수로 재직했던 13년 가운데 12년 동안 1, 2, 3월 매주 수요일에 12차례의 강의를 진행했고 그것은 영어로 번역되어 출판되었으며 그 강의를 통해 새롭게 진행 중인 연구를 소개했다. 보통 오백 명이 넘는 청중들이 강의를 들었고 그가 좋아하진 않았지만 많은 녹음기를 놓고 강의해야 했다. 1976년 수강생을 줄이기 위해 강의 시간을 바꾸기도 했지만 별 효과가 없었다.

푸코는 연구자의 입장에서 강의했다. 강의는 앞으로 쓸 책을 위해서뿐만 아니라 문제화의 영역을 개척하기 위한 탐색으로 잠재적인 미래 연구자들을 초대하기 위해 기획되었다. 이것이 콜레쥬 드 프랑스에서의 강의가 이미 출판된 책들과 중복되지 않는 이유였다. … 그의 강의는 그것만의 위상이 있었다(Ewald and Fontona, 푸코입문, 2010a: xiv).

푸코는 강의를 통해서 "출판된 자신의 책을 통해 알려진 주제와 분석을 미리 제시하고 횡단하며 발전시켰다"(Davidson, 2003: xvii). 강의에서는 당대 사건들에 대한 관점을 제공하고자 방대한 양의 역사와 철학 자료를 활용했다. 그는 1970년 이후 권력/지식 관계의 계보학을 철학적·분석적으로 밝히고자 했으며, 이는 담론 형성의 고고학을 다룬

16

이전 연구와 구별되었다. 또한 강의 외에도 언론인, 학자들과 많은 인터뷰를 했고 학생들과 질의응답하는 시간을 가졌다. 그는 이런 활동을 즐기는 듯했다. 말년에는 버클리, 버몬트 대학에서 "진리 말하기(truth telling)", "자기돌봄(the care of the self)" 강좌를 열었다. 그는 콜레쥬 드 프랑스의 강의를 논쟁거리와 연구방법을 설정하고 시험하는 데 이용했으며, 책과 달리 강의를 통해 자신의 논리와 "방법"을 보다 더 명료화할 수 있었다. 그는 광기의 계보학에 관한 자신의 연구를 다음과 같이 설명했다.

제 질문은 광기가 존재하는지가 아니었습니다. 저의 논리와 방법은 역사가 저를 광기와 같은 것으로 연결해 주는지 또는 그것에 대해 말해 주는지를 조사하는 것이 아니었으며, 그것(역사)이 그렇지 않았으므로 광기는 존재하지 않는다고 결론을 내리는 것도 아니었습니다. 이는 사실상 제 주장도 방법도 아닙니다. 저의 방법은 이렇습니다. 광기가 존재하지 않는다고 가정해 봅시다. 우리가 그것을 존재하지 않는다고 가정하면, 광기라고 가정된 어떤 것들을 둘러싸고 조직된 상이한 사건들과 실천들을 역사는 무엇이라고 말할까요? 그래서 제가 여기서 전개하고자 하는 것은 정확히 역사주의에 반대되는 것입니다. 비판적 방법으로 역사를 이용하여 보편에 대한 답을 찾는 것이 아니라, 보편적인 것이 존재하지 않는다는 판단에서 출발하는 것이고 우리가 행할 수 있는 역사의 종류가 무엇인지를 묻는 것입니다(Foucault, 2010a: 3. 1979년 1월 10일 강의).

이미 말했듯, 푸코는 구조주의자, 후기 구조주의자(푸코는 그것이 무엇을 의미하는지 모르겠다고 주장했다), 역사주의자, 철학자, 포스트모더니스트, 또는 심지어 마르크스주의자나 반마르크스주의자 등으로 존재하는 것, 그들처럼 보이는 것, 그들로 간주되는 것을 피하고자 상당한 시간과 노력을 기울였다. 그는 인터뷰에서 그동안 거부하고 피했던 "그는 어떤 사람인가?", "그는 누구인가?"와 같은 질문에 다음과 같이 답했다.

어떤 이들이 나를 학생들의 지적 건강에 해로운 사람이라고 생각하는 것에 자부심을 느낍니다. 사람들이 지적 활동에서 건강함을 문제 삼기 시작하는 것을 잘못이라고 생각합니다. 그들에게 나는 위험한 사람인데 왜냐하면 그들에게 나는 위장한 마르크스주의자이고, 비이성주의자이며, 니힐리스트이기 때문입니다(1982년 10월 25일 인터뷰, Foucault, 1988d).

다음은 그의 말을 인용한 것인데, 이것은 나의 출발점과도 관련된다.

내가 누구인지 정확히 아는 것이 필요하다고 생각하지 않는다. 삶과 연구에 있어 주된 관심은 처음과 다른 누군가가 되는 것이다. 만약 당신이 집필을 시작할 때 마지막에 할 이야기를 알고 있다면, 당신은 그것을 쓸 용기가 있는가? 글쓰기와 연애에서 진실한 것은 인생에서도 그렇다. 그 끝을 모르기 때문에 그 게임은 해볼 만하다. 나의 전문 분야는 사유의 역사이다. 인간은 생각하는 존재이다(Martin et al., 1998: 9).

그는 자신의 콜레쥬 드 프랑스 교수 직함을 '사유체계의 역사' 교수로 쓰길 원했다. 그는 전통적 사상의 계보들에 대한 어떤 충성도 보이길 원하지 않았다. 물론 다양하고 많은 철학적, 이론적 영향들을 활용했다. 플라톤, 성 아우구스티누스, 니체, 하이데거, 캉길렘, 뒤메질, 이뽈리뜨, 베버, 칸트 등에 대한 그의 박학다식함은 매우 경이롭다.

이렇게 다양하면서도 중요한 *작품*(oeuvre)과 관련하여, 그가 "저자기능(author function)"이라고 부른 문제는 매력적인 숙고의 대상이다. 그에게 저자란 나름의 역사를 지닌 텍스트를 조직하는 한 범주이자 방식이다. 즉, "저자기능"은 텍스트의 생산, 유통, 분류, 소비를 지배하는 일련의 믿음 또는 가정이다. 요컨대 "저자"라는 용어는 단순히 실재하는 개인을 언급하는 것이 아니다. 일종의 브랜드로서 그의 얼굴이 유명하고(나도 푸코가 그려진 머그컵을 가지고 있다) 그의 저작권은 분명하지만, 그는 『지식의 고고학』 서문에서 "글로 명성을 얻는 데 관심이 없는 사람이 나만은 아님을 확신한다"(Foucault, 1974: 17)라고 말한다. 실제로 푸코는 자신의 텍스트 "안"에 현재하는 작가이다. 그는 종종 우리에게 직접 말을 건넬 뿐만 아니라, 때로는 텍스트의 "정상" 조직을 전복시키고 그만의 수사와 논쟁 기법들을 발전시켰다. 또한 환유와 은유를 광범위하게 사용하고, 종종 맥락에 대한 설명 없이 프랑스 지식인 사회의 내부 논쟁에 대해 넌지시 언급하기도 했다. 어떤 비평가가 인정하는 것처럼 푸코의 담론들은 "내가 탐험할 수 있으며 … 내가 나 자신을 잃어버릴 수도 있는 미로"(Midelfort, 1980: 249)이며, 남아 있는 우리를 위한 어떤 희망이다. 이와 관련하여 마혼(Mahon, 1992: 62)은 "푸코의 현학적인 산문의 수렁"이라 일컬으며, 때로 그의 문체가 "확실히 시적"으로 되어 간다고 말했다. 『말과 사물』의 마지막 문장이 그 좋은 예이다. 푸코는 종종 자신의 연구와 연구에 대한 자신만의 분석에 있어 당황스러울 정도로 솔직했다. 그는 『지식의 고고학』의 서문에 이렇게 썼다.

이 텍스트의 신중하고 망설여지는 태도: 모든 전환에서 뒤로 물러서고 이전의 것이 무엇인지 측정하고 그것의 한계를 더듬어 찾고 의미하지 않는 것에 대해 말문이 막히기도 하고 그것의 경로를 표시하기 위해 구멍을 낸다(1974: 17).[5]

그는 『지식의 고고학』 2부의 시작 부분(p.135)에서 이제까지 진척된 것을 재검토하며 다음과 같이 말한다. "나는 전체적인 장치들에 흥미를 가져왔다. 그것의 순전한 영향력과 특이한 시스템은 당황스러움의 원천이 된다." 책 읽기를 시작하는 대다수의 사람들은 푸코에게 동의하게 될 것이다. 그는 『지식의 고고학』의 마지막 장에서, 자신 또는 독자와의 대화 형식을 빌려 일련의 비판과 곤란한 질문들에 답한다. 예를 들면 『말과 사물』의 영어판 서문에서처럼 매우 개인적이고 단정적인 방식으로 "저자기능"을 수행한다.

이 모든 것은 가끔 그의 연구를 읽기 "어렵게" 만드는데 그것은 오직 그만의 용어들로 읽어야 하기 때문이다. 그럼에도 불구하고 그의 글은 "독자가 의미를 만들어 나가는" 글이다. [그는 독자가] 문제에 대해 생각하고 개념의 협력적 생산에 함께하도록 초대한다. 푸코는 독자가 의미를 생성할 수 있는 참여의 열린 지점을 남겨 두지만 그것을 결코 쉽게 만들어 두지는 않았다. 그는 항상 개념을 실험해 보고 급전환하며 가끔은 알기 어렵게 생략하고 모호하게 만든다. 특히 그가 벗어

---

5) 나는 이 문장을 인용할 것이고, 독자들은 텍스트와 관련하여 이 문장을 다시 읽게 될 것이다.

나고자 하며 비판적 입장을 지니고 있는 테크닉과 가정들에 함몰되지 않으면서, 자신을 표현할 방법을 찾으려 할 때 그러하다. 푸코에게 용어들은 중요하다. 그는 용어들을 매우 다른 의미로 신중하게 사용하며 가끔은 그것들의 의미를 변화시킨다. 그가 사용하는 용어들은 주의 깊게 고려될 필요가 있고 때로는 번역에서 문제가 되기도 한다. 종종 모순을 드러내거나 어떤 것들과의 관계를 탐색하기 위해서 단어를 중의적으로 사용하기도 한다. 예를 들어, 가장 명백한 단어 *지식*은 어떤 때는 '*앎의 인식*(savoir)'으로, 또 다른 때는 '*앎*(connaissance)'의 의미로 사용한다. 두 의미들은 지식이 '*-에 대한 지식*', '*-의 지식*'과 같이 배치될 때 함께 사용되며, 이들은 주체를 *알기 위한* 과학, 전문지식, 테크닉의 이용을 의미한다. 정신의학, 형벌학, 심리학과 같은 전문지식은 주체에 대한 진리를 구성할 때 효과적으로 사용된다. 주체는 감시의 대상이며 관찰, 시험, 평가 등을 통해 인식된다. 푸코의 많은 연구는 권력관계와 사회과학적 지식 사이의 관계에 초점을 맞추고 있고, 그 기능적인 상호 구성을 푸코는 '*권력/지식*'이라는 혼합된 용어로 표현했다. "푸코는 권력/지식을 개별 사상가들이 발전시키는 아이디어와 지식으로 가정하기보다는 무엇이 지식이 될 것인지 결정하는 추상적인 힘으로 정의한다"(Mills, 2003: 70).

푸코는 "주체가 스스로를 적절한 지식의 대상으로 위치 짓는" (Gutting, 1994: 315) 인간과학의 지식이 특별한 권력의 실천(병원, 감옥, 학교 등)과 함께 발달했다고 보았다. 물론 지식의 생산은 권력을 위한 것이었다. 권력의 실천과 테크닉은 병이나 범죄, 학습에 대해 생각하는 방법을 주조하는 것과 같이 다소 일관성 있는 지식체계 안에서 타당성을 얻는다. 여기에는 이중성이 존재한다. 우선 과학적 지식이 생산되는 방식과 과학적 진리의 사회적 구성 또는 사고의 물질적 조건에 대한 내적 관점이 있다. 그리고 지식이 계급과 주체의 범주를 생산하는 방식에 대한 외적 관점이 있다. 이때 계급과 주체의 범주는 특별한 성격을 부여받고 특정한 형식의 개입과 실천을 요구한다. 그는 실천(practice)의 역사가 지식의 역사와 만나는 접합 지점에서 연구를 수행하고자 했으며, 이들 두 요소의 얽힘은 계보학의 독특한 경향이었다. 이 지식들은 이전에 없었던 어떤 존재들(히스테리 환자, 범법자, 백치 어린이)을 만들어 내고, "당시 사회적 규제의 대상이 되었던", 세상에 실제로 존재하는 어떤 것들을 지칭하였다(Foucault, 1983a: 2, 제6강). 예를 들어 푸코는 '섹슈얼리티'라는 용어는 "19세기까지 등장하지 않았다"(Foucault, 1981)라고 주장한다. 그는 성을 이해하는 방법으로서 "억압 가설"에 의문을 제기한다. 대신 우리에게 필요한 것은 성에 대한 담론의 급증 −"18세기에서부터 가속화된 담론적 동요"(Foucault, 1981: 18) −을 살펴보는 것이다. 이를 통해 우리는 성에 대한 침묵과는 다른 것을 목격할 수 있다.

> 성(性)에 대해 점점 더 많이 말하게 하는 제도적 독려: 성에 대해 말해진 것들을 듣고, 명백한 진술과 끊임없이 축적된 세부내용들을 통해서 성이 이야기될 수 있도록 하는 권력기관의 결정(Foucault, 1981: 18).

성에 대한 모든 합리적 담론의 효과는 국가 법률이 사적 욕망의 영역에 점점 더 개입하는 것이었다.

성은 단순히 비난이나 용인의 대상이 아니라, 공공의 시스템으로 포함되고 관리되며 모든 이의 더 큰 선을 위해 조절되고 최적의 조건에 따라 기능하게 만들어진 것으로서 말해져야 했다. 성은 단지 판단받기 위한 것이 아니라 관리되기 위한 것이었다 (1981: 24).

이와 같은 담론과 전문적 지식은 "관심"의 대상을 구성한다. 여기에서 우리는 관심의 대상이 되고 동시에 염려의 대상이 된다. 인간과학은 돌봄(caring)과 배려(care)를 전문화하는 것이다. 푸코는 많은 강의들에서 돌봄 문제에 집중했다. 전문가는 그들을 전문가로 만드는 지식에 의해 만들어진다. 근대국가 형성의 핵심적인 구성요소는 권력/지식의 접점에서 작동하는 국가 전문가의 생산이었다. 지식은 권력관계에서 생산된다. 남성이 여성에 대해, 백인이 다른 인종에 대해, 이성애자가 동성애자에 대해, 서구가 동양에 대해 말하듯 어떤 집단이나 기관이 "그들", 즉 침묵하는 존재인 주변(subaltern) 집단에 대해 *지적으로* 표현할 수 있다는 의미에서 그렇다.

하지만 푸코는 서로 얽혀 있는 권력과 지식의 관계를 당연하게 생각하지 않았으며 그 관계를 모든 상황에서 탐구해야 한다고 말한다. 그뿐만 아니라 푸코 기획의 범위와 영향을 이해하기 위해서는 주체를 권력/지식의 사이에 위치시켜야 한다. 권력관계는 언제나 "지식의 영역, 규범성의 유형, 주체성의 형식 안"(1992: 4)에서 구체적으로 나타난다. 전문가와 그들의 지식은 우리가 어떻게 행동해야 하고, 우리가 누구인가를 결정하는 데 중요한 역할을 한다. 이들 권력/주체/지식 관계는 2, 3장에서 주로 다룬다. 여기서 강조하는 것은 푸코를 진지하게 다루는 것이 어렵다는 것이다. 푸코는 근대 사회과학적 사고의 중요한 작동 원리 대부분을 전복시킨다. 특히 주체를 구성하는 일에 대한 기존의 성과와 헌신에 도전한다. 푸코는 『지식의 고고학』에서 '초월적

나르시시즘'의 역사를 '씻어 내기'를 원한다고 썼다(1974: 203). 다시 말해, 주체는 그 자신의 역사를 가지는데 "주체는 담론 속에서 발생하며, 미리 부여받은 개인의 본질은 없다"(Foucault, 1980: 73)라는 것이다. 푸코는 1984년 폴 라비노우(Paul Rabinow)와 함께한 인터뷰에서 지식, 권력, 주체 사이의 상호 작용에 대해 자세히 설명했다. 여기서 그는 "객관성의 확립, 정치와 자기 통치의 발달, 자신에 대한 윤리와 실천의 정교화"(p.4)를 포함하는 것으로 광기, 비행, 성에 관한 연구를 설명했다. 지식은 정치적일 뿐만 아니라 언제나 윤리적 실천이다.

푸코를 읽는 가장 좋은 방법이 중기에서 시작하는 것이라는 프라도(Prado, 1995)의 제안에 동의한다. 드레퓌스와 라비노우(Dreyfus and Rabinow)는 푸코 연구를 네 시기로 분류하지만, 일반적으로는 세 시기, 세 가지 주요 관점, 세 가지 방법(고고학, 계보학, 자기의 테크놀로지)으로 정리하는 것이 더욱 매력적이다. 그것은 "진리 바깥"에 있지 않다. 푸코의 연구는 이런 단계로 유용하게 '나누어질 수' 있고, 이 책도 이런 단계 또는 단계의 변형에 맞춰 구성하고자 한다. 푸코는 자신의 일부 생각은 폐기했고 막다른 길에 도달하기도 했지만, 시간에 따라 변곡점을 지닌 채 생성되고 진전하고 변화한다는 의미에서 발전의 궤적 안에 있다. 닐론(Nealon)은 "1969년 말에 푸코 연구의 강조점이 이동한 것을 실패나 변증법적 부정으로 간주하기보다, '강화'된 것으로, 보다 생산적으로 이해될 수 있다"(2008: 5)라고 말했다. 이처럼 푸코의 연구에서 강조점이 이동한 것을 단절로 간주하는 것은 적절하지 않다. 푸코의 후기 연구를 다룬 연구자들은 저항과 저자정신(self-authorship)에 주목하고, 푸코의 연구를 규율과 통치로 전체화하는 관점을 교정하려는 경향이 있었다. 맥네이(McNay)는 푸코의 후기 연구에 대해 다음과 같이 말했다.

'자아의 비판적 존재론'을 통해 개인이 '개별화 통치'라는 정상
화하는 힘에 대해 저항할 수 있는 대안적 윤리의 관점을 형성하
는 것이 가능해진다(McNay, 1994: 133).

푸코는 연구 초점의 이동을 확실히 단절로 인정하지 않았다. 프라
도(1995)는 '자신의 연구가 보다 동질적이고 일관된다는 것을 집중적으
로 보여 주고자 한 푸코의 노력을 신중하게 평가해야 한다'라고 주장
했다. 푸코는 자신이 전하려 했던 개념들보다 자신이 몰두했던 주제와
질문들이 연구를 통합하는 기본 원칙이라고 주장했다. 언젠가 푸코는
"나의 작업은 예상되는 선과 점들 사이, 그리고 그 접합들 사이에서
행해진다"라고 말한 바 있다(1984b: 223). 그가 쓴 모든 것들은 아직
다루지는 않았지만 언젠가 쓰기 위해 남겨 둔 것들에 대한 일종의 전
주곡이었다.

1983년 푸코는 지난 20년 동안의 자신의 연구를 "우리 문화에서
인간이 주체로 만들어진 다양한 방식의 역사를 창조하는 것"이었다고
말했다(Dreyfus and Rabinow 1983: 208). 1983년 버클리 강연에서도 다
음과 같이 말했다.

내가 처음부터 하고자 한 일은 '문제화' 과정을 분석하는 것이
었다. 그 의미는 어떻게 그리고 왜 어떤 사물, 행동, 현상, 과정이
하나의 문제가 되는가이다(Foucault, 1983a, 강연 6).

푸코는 자신의 연구가 실천의 역사, 진리 말하기(veridiction)의 역
사, 제도의 역사와 관련이 있다고 생각했다. 사회의 일반이론에 대한
윤곽을 그리기보다는 앞으로 다른 사람들이 활용하고 발전시키기를

원했던 '문제'를 구체화하고 고고학과 계보학과 같은 분석 방법을 제시하며 도구와 개념의 연장통을 발전시켰다. 자신이 열정적으로 주장했던 실천적이고 분석적인 작업보다 자신이 의미를 부여한 것에 대해 글을 쓰는 데 너무 많은 노력을 바친 것을 후회하기도 했다. 이 책에서는 두 가지 모두를 조금씩 시도할 것이다.

지금까지 푸코에 대한 논의를 고려할 때, 푸코가 교육 연구자들에 의해 일상적으로 오독되고 오용된다는 것이 놀랍지는 않지만 다소 역설적이라고 할 수 있다. 프라도(1995: 3)는 푸코 연구의 '기본적 한계'와 그의 생각의 변화가 '잘못된 해석을 유발한다'라고 말한다. 실제로 푸코 연구는 체계적으로 진부해졌는데, 그 이유는 그가 생략하고 싶었던 질문이 계속되었기 때문이었다. 그의 중요한 용어와 개념 중의 일부는 교육 연구를 비롯하여 다양한 영역에서 오용되었으며, 어떤 경우는 거의 실용성이 없는 것으로 잘못 활용되기도 했다. 그의 개념은 그의 의도나 의미와 아무런 관계없이 일상적으로 사용되었다.

오늘날, 푸코주의적 관점을 활용한 분석은 많은 교육 연구에서 발견할 수 있다. '권력/지식', '파놉티콘적 시선', 그리고 '고고학(그리고/또는) 계보학' 같은 푸코주의 용어들은 학회, 토론, 학회지 논문들에서 넘쳐 난다(Butin, 2001: 159–160).

피터스와 베슬리(Peters and Besley, 2007: 3)는 "교육 분야의 학자와 이론가들은 푸코를 변형시킨다. … 그들은 셀 수 없이 다양한 방식으로 오용한다. 푸코를 파괴하고 개작한다. 푸코와 그의 말을 왜곡하고 바꾼다"라고 주장한다. 그리고 마셜(Marshall, 1989: 98)은 "푸코 연구의 이론적 급진성은 명료히 파악되지 못하고 있다"라고 말한다. 푸코주의로 일컬어지는 많은 교육 연구에서 권력은 지배로 축소되고 지식은 권력으로부터 분리된다. 이들 연구는 공통으로 푸코주의 담론분석을 행하고 있다고 주장한다. 그러나 그 연구들은 담론보다는 텍스트와 언어에 집중한다. 많은 연구자들은 푸코를 '하고 있다'라고 주장하면서, 핵심적이거나 반복되는 구와 단어를 통해 담론에 접근할 수 있다고 가정한다. 비록 그것이 유용할지라도 중요하다고 할 수 있을까?

푸코는 담론이라는 용어를 다양한 방식으로 사용하는데, 담론 속에서 생산되는 텍스트와 발화보다는 담론을 구성하는 구조와 규칙을 드러내는 데 더 관심이 있었다. 담론은 대상에 현존하는 것이 아니라, '대상이 나타나도록' 한다. 담론은 특정 진술이 진리가 되도록 하는 조건이다. 밀스(Mills, 2003: 55)는 "담론은 '언어'와 등가물이 아니라는 것을 기억해야 한다"라고 확실히 말한다. 담론은 쓰기, 말하기, 생각하기를 제약하거나 *가능하게 하는 것*이다. 푸코는 한때 담론을 '잠재의식의 지식 영역'으로 언급하기도 했으며, 『지식의 고고학』에서는 다음과 같이 시적으로 표현했다.

> … 담론은 '이미 말해진 것' 위에 비밀스럽게 근거한다. '이미 말해진 것'은 단지 이미 말해진 문장이나 쓰인 텍스트가 아니라, '전혀 말해지지 않은 것', 육체 없는 담론, 숨결 같은 침묵의 소리, 단지 공허한 자신의 흔적일 뿐인 글쓰기인 것이다(Foucault, 1974: 25).

언표(statements)는 사람을 만든다. 우리가 담론을 말하는 것이 아니라, 담론이 우리를 말한다. 담론은 그들이 말하는 대상을 생산한다. 푸코는 이어서 다음과 같이 말한다.

담론은 기호로 구성된다. 그러나 담론은 사물을 지시하기 위해
기호를 사용하는 것 이상을 행한다. 그 이상이란 언어(랑그)와 말
(speech)로 환원될 수 없는 것을 만드는 것이다. 드러내야 하고,
기술해야 하는 것도 그 '이상'이다(Foucault, 1974: 49).

우리는 그 '이상'을 다양하게 생각할 수 있다. 푸코는 한편으로 담
론과 담론의 생산을 억제하는 절차(배제의 형식)의 프레임을 다루었고,
다른 한편으로 담론의 "다루기 힘들고 방대한 물질성(materiality)"
(Foucault, 1981: 52)에 관해 말했다. 전자는 어떤 단어들이 말해지고,
누가 말하고, 어디에서 어떤 방식으로 나왔는지, 즉 무엇이 진술을 가
능하게 하는지와 같은 넓은 맥락에 주목한다. 그러나 진술이 반드시
발화 행위만을 의미하지 않는다. 그것은 격자, 도표가 될 수도 있고 방
정식이 될 수도 있다. 다시 이것은 말하는 주체 그 자신이나 그들의
의도에 관한 어떠한 언급도 피할 수 있다. 푸코는 언어가 경제적 힘이
나 사회적 힘과 같이 다른 것들로 환원될 수 없는 힘을 지닌다는 담론
의 자율성을 주장한다. 이런 식으로 담론적 실천의 작동은 사실상 담
론 바깥에서 생각하는 것을 불가능하게 한다. 정의상, 담론의 바깥이
된다는 것은 미치거나 이해와 이성을 넘어서는 것이다. 이성을 정의하
고 생산하는 담론적 규칙은 권력의 행사와 연결되어 있다. 또한 담론
의 물질성은 담론의 표현으로서 건축, 조직, 실천, 주체, 주체성(저자
포함) 등에 관심을 기울이며 담론을 단순히 언어로 축소하는 오해를
범하지 않게 한다.
　이와 함께 담론과 *에피스테메*와의 관계를 고려할 필요가 있다. *에
피스테메*는 단일한 실천적-인지적 구조이며 진리 체제이자 진리의
일반적인 정치 체제로, 무의식적 코드와 규칙 또는 전체적 개념 틀을

제공한다. 전체적 개념 틀은 "문제 상황과 잠재적 해결책을 정의하고, 주어진 현상 내 인과성의 특징과 같은 검증하고 설명하는 개념들의 가장 기본적인 규칙을 구성하는 세계관을 형성한다"(Prado, 1995: 26). 즉, *에피스테메*는 어떤 진술이 '참(the true) 안'에 있을 수 있는 조건을 설정한다. "하지만 진술은 그것이 발화될 때마다 재활성화되는 어떤 담론적 '감시자(police)'의 규칙에 복종해야만 참 안에 존재할 수 있다"(Foucault, 1970b: 31)라는 의미에서 담론(정신의학과 같이 특수한 것이나 섹슈얼리티와 같이 일반적인 것)은 *에피스테메*에 자리하고 있다. *에피스테메*는 담론을 가능하게 하고 담론적 구성체와 그들의 관계는 *에피스테메*를 가능하게 한다. *에피스테메*는 특정한 *에피스테메*에서 다른 것으로 이행하거나 선형적으로 발전하지 않으며, 존재 양식의 불연속성과 변화에 따라 구별된다. *에피스테메*는 지식들 사이의 복잡한 관계이고, 개방적 *분산*이며, "연구에 적합한 대상을 정의"(Foucault, 1970b: xi)하는 일련의 규칙이다. 그리고 우리가 생각하고 알며 쓰는 방법을 조직한다.

푸코는 『말과 사물』에서 인간과학의 세 가지 기본 학문으로 언어학(인간이 말하는 것), 생물학(인간이 사는 것), 경제학(인간이 노동하는 것)을 들었다. 그리고 이를 바탕으로 에피스테메의 역사를 *르네상스*, 대략 17세기 중반에 시작한 *고전주의*, 18세기 후반과 19세기 초반에 시작된 *근대*의 세 시기로 구분했다. 이 논의를 위해, 푸코가 근대를 지탱하는 것으로 생각한 새로운 지식을 위한 사고, 방법, 실천, 규칙의 조건을 참고할 필요가 있다. 그것은 특히 우리가 주로 관심을 기울이게 될 인간을 가능성과 필연성의 존재로 만들었다. 그가 말하는 인간성은 한 세기 이전에는 존재하지 않았다. 『말과 사물』은 과학적 실천에 주목하는 한편 담론의 물질성도 강조한다. 담론은 단순한 재현의 형식으로서

뿐만 아니라 방법과 사회제도로도 존재한다. 근대적 인간은 그가 "경험론—선험론의 이중체"라고 지칭한 것을 통해 구성된다. 성찰적이고 선험적인 인식 주체로서 인간은 자율적이고 합리적일 뿐만 아니라 무의식적인 힘들의 생산물이고 문화적 실천이다. 이것이 인간과학의 특성이다. 인간은 의미의 원천으로 사회적 구성물이며, 우리는 오직 인간과학에 의해 제공된 '노예적 주권, 감시받는 군중으로서'의 가능성 속에서만 스스로를 인식한다(1970: 323). 지식의 한계는 또한 앎의 가능성이다. 다시 말해 이런 한계들은 많은 근대 학자들을 매우 불편하게 한다. 그들은 인간이 선험적이라기보다 각 시대의 담론들 속에서 규정되고 포섭된 유한하고 역사적이며 경험적인 존재라는 것을 이해하기 어려워한다.

대부분의 푸코 '사용자들'은 *에피스테메*를 피하거나 무시한다. 많은 논평들도 에피스테메를 다루지 않는다. 어떤 점에서 그것은 너무 크고, 깊고, 어렵다. 프랑스에서 출판된 베스트셀러 『말과 사물』은 근대 사회과학에서 가장 대단하고 완전한 그러나 가장 위협적인 연구 중 하나임이 분명하다. 『말과 사물』은 다루고 있는 내용과 의도로 인해 우리의 숨을 멎게 하고 정신을 혼미하게 만드는 엄청난 역작이다. 그러나 우리는 어디로 가야 하고, 무엇을 해야 하는지와 같은 물음을 쓸모없는 것으로 만든다.

쉬리히(Scheurich, 1994)는 교육 연구에서 푸코의 고고학적 방법을 신중하게 채택하고자 노력한 연구자이다. 그는 *정책고고학(policy archeology)*을 개관하고 *담론으로서 정책*(policy as discourse)을 검토했다(Ball, 1993). 그는 '사회 문제'를 '자연 현상'으로 간주하는 '고요함(tranquility)'에 파문을 일으키고 정책고고학이 '역사적 선험(the historical a priori)'을 다룰 것을 주장했다(Mahon, 1992: 60). '역사적 선험'이란 '사회 문제를 출현시킨 조건,

30

가정, 힘의 구성적 격자'를 말한다(Scheurich, 1994: 300). "사회적 규칙성의 격자"는 '사회 문제로서 가시화될 것과 믿을 만한 정책 해결책으로 가시화될 것'(p.301)—가능한 것과 불가능한 것(행위자가 생각하지 못한 그 무엇)—과 정책이 형성하고 규제하는 대상, 주체, 개념을 구성한다.

게일(Gale, 2001: 389)은 쉬리히적 접근 방식을 활용하면서 다음을 덧붙였다: " … 밝혀야 할 중요한 것은 누가 말하는지가 아니라, 무엇이 말해지고, 어떤 위치에서 말해지며[푸코가 *한계설정의 권위*(authorities of delimitation)라고 불렀던 것], 타인들의 말하는 위치에 따라 그것이 어떻게 조정되는가이다. 이는 정책적 관점에서의 건축물"로 분산된 담론, 새것과 옛 담론이 서로 마주하는 틀이며 장이다. 이 장에서 어떤 담론은 주변화되거나 종속되는 반면 다른 담론은 '타당성, 규범성, 실질성의 영역'을 정의하는 것이 된다(Foucault, 1974: 68). 담론은 권력과 진리 체계, 특수화의 격자(담론의 대상을 분리하고 대조하고 분류하며 서로 관련짓는 것)와 직접 연관되어 있다. 이 문제는 2, 3장에서 다시 다룰 것이다.

특정한 시대 구분은 여기에서도 유용하다. 푸코가 고고학에서 계보학으로 관심을 바꾸기 시작한 1970년대부터 담론에서 정책으로 관심이 확실히 이동했다. 이것은 앞서 지적한 바와 같이 담론의 제도적 생산에 관한 질문을 포함하며, 권력/지식의 개념에 초점을 둔 정치적인 것의 분석과 인식론적 분석을 다시 결합하는 것이었다. 오늘날 담론 분석이 요구되는 많은 연구들은 길을 헤매고 있다. 피터스와 베슬리(2007: 1)는 "오늘날 푸코를 왜 읽는가?", "우리가 읽는 푸코는 제도적으로 거세된 낡고 무력한 것인가?, 그러면 누가 그렇게 만들었는가?"를 묻는다. 우리는 확실히 푸코 연구에서 도전적이고 급진적이며 읽을 가치가 있는 것을 놓치는 위험에 처해 있다. 피터스와 베슬리는 [푸코에 대한] 단순한 오해와는 별개로 핵심은 수용(reception)의 문제에 있다고 주장한다. 이어 "푸코 수용의 문제는 특정 국가, 지역, 학문 분야에 따라 다르게 논의될 필요가 있으며"(p.2), 시대에 따라서도 다르다고 주장한다. 다시 말하면 지역의 문화와 지적 전통에 따라 다양한 푸코가 만들어진다는 것이다. 앞서 살펴본 것처럼 푸코는 시간의 흐름에 따라 자신을 다르게 구성했으며, 우리도 그를 이전과 다르게 읽고 있다. 푸코의 전기 작가 중 한 명인 에리본(Eribon, 1991: xi)은 "여러 명의 푸코ー천 명의 푸코가 있다"라고 썼다. 피터스와 베슬리는 이처럼 다양한 푸코들에 대한 유용하고 활용하기 쉬운 입문서를 제공한다. 그들은 내가 '영국 교육계'를 '지배'하는 푸코를 '민속ー사회학적(ethnoーsociological)'인 푸코로 만들었다고 추켜세우면서도 일면 걱정스럽게 바라본다.

이제 지금까지 미루어 둔 문제이자 이번 장의 제목이기도 한 주제로 돌아가 보자. 나는 진정으로 푸코 학문 세계에 기여하기를 원하는가? 우리에게 푸코에 관한 또 다른 책이 필요한가? 내가 제공할 수 있는 것보다 훨씬 훌륭한 입문서, 요약서, 안내서, 소개서, 개론서, 편집된 모음집들이 있으며, 나도 두 권을 직접 편집했다. 내가 가지고 있는 책들을 세어 보니 총 43권이었고, 그중 일부는 매우 훌륭했다. 내가 푸코에 대해 새로운 것을 말할 수 있을 것이라고 생각하지 않는다. 그 일을 어떻게 할 수 있겠는가? 그의 후기 연구 중 기존에 논의되지 않은 새로운 읽을거리를 가지고 있는 것도 아니며 미출간 원고를 발견한 것도 아니다. 푸코를 만나지도 않았으며 그의 연설을 들은 적도 없다. 더구나 나의 프랑스어 수준은 소름 끼칠 정도로 형편없어서 원서를 잘 읽어 낼 수도 없다. 겨우 『푸코 사전(Dictionnaire Foucault)』(Revel, 2008) 정도만 읽을 수 있다. 덧붙이면, 나는 철학을 거의 공부하지 않았고, 이미 언급한 것처럼 해석학적 전통에서 '자란' 사회학자이다. 그래서 이 책을 쓰지 말았어야 했는지도 모른다. 그럼에도 이 책을 쓰기를 원했고 편집자와 출판사는 많은 독자들이 이 책을 읽고 싶어 한다고 믿고 있다. 나와 나의 연구 그리고 연구 방식에 푸코가 많은 영향을 미쳤지만, 그것이 나를 *푸코주의자*(Foucauldian)로 만들지는 않았다. 내가 쓰고자 하는 것은 푸코주의자의 워크북과 같은 것이다. 즉 교육 분야의 실질적 쟁점을 다루고, 푸코의 활용 가능성을 실험하고 탐색하기 위한 출발점으로 사용될 수 있는 분석을 하는 것이다. 이 책은 푸코에 '대한' 것이 아니라 그가 의도한 정신 안에서 기대감을 가지고 그의 연구를 활용하는 푸코'하기'에 관한 것이다(Foucault, 1988c). 나는 지금까지의 연구들과 이제까지 하지 못한 것들을 분석에 활용할 것이다. 1985년 킹스 칼리지로 옮겼을 때부터 푸코와 도시의 교육에 대해 생각해 왔고 이것은 2장의 주제가 될 것이다. 이 책에서 전개될 여러 탐구들이 비록 피상적으로 묘사되기는 해도 흥미롭게 느껴진다면, 다른 이들에 의해 앞으로 더 연구되어야 할 유용한 공간의 '출발점'이 될 것이다. 이러한 작업은 나만의 독창적인 것이 아니며, 다른 연구자들에 의해 수행된 푸코 연구의 뛰어난 방법을 참조하고 활용한 것이다. 무엇보다도 앨런 쉐리단(Alan Sheridan)이 『푸코: 진리에의 의지』(1980) 서문에서 쓴 것처럼 이 책이 '독자들을 만들어', 푸코의 '빛나는 단어들'을 읽고 그를 진지하게 받아들일 필요를 자극하도록 할 생각이다.

이 책은 푸코의 개념과 방법, 교육 연구와 분석의 관계 그리고 교육정책에 대한 나의 특별한 관심을 담고 있다. 나는 푸코가 교육에 대해서 무엇을 말했는지에 대해 세부적으로 말하지 않을 것이다. 사실상 그것은 많지도 않다. 대신에 그것을 간략히 살펴보고 교육적 질문과 교육에 대한 질문에 적용할 수 있는 푸코 '방법'에 대해 이야기할 것이다(Hunter, 1994; Green, 1998; Deacon, 2006; Marshall, 1989 참조). 다음의 세 장에서는 푸코의 세 가지 주요 '문제화'로 현대의 교육문제와 관런한 것들을 탐구할 것이다. 여러 가지를 시도하지만 설명되지 않은 부분과 설명할 수 없는 부분도 있다. 그러나 푸코가 1982년의 인터뷰에서 설명한 것처럼 "만약 당신이 집필을 시작할 때 마지막에 할 이야기를 알고 있다면, 그것을 쓸 용기가 있을 것이라 생각하는가?"(Martin et al., 1988: 9)라는 말을 하고 싶다.

비록 책을 쓰고 있기는 하지만, 책을 마치면서 무슨 말을 하게 될지 모른다. 그렇지만 이 책을 어떻게 구성하고, 무엇을 포함하고 버릴지에 대해서는 아주 오랫동안 진지하게 생각해 왔다. 그러고 나서 이책을 문제, '시기', 연대표(매우 전통적인 역사)의 상호 작용에 따라 구성했다. 물론 내용이 미리 정해졌던 것은 아니고 발견적 방식(heuristic)을 통해 그때그때 채워졌다. 푸코를 통해 문제, 실천의 역사, 권력 분석과 후기의 주체의 역사, 즉 푸코가 말한 '현재의 역사(history of the present)'를 설명하고자 했다. 실천, 제도, 구조는 연구 대상을 구성한다. 이는 "지금 우리는 무엇인가?"라는 기본 질문과 관련되어 있으며, 특별히 이 책에서는 "교육정책은 무엇인가?"라는 물음과 관련된다. 발견적이란 푸코가 전통적 사회과학에서 "삼중의 이론적 전위(triple theoretical displacement)"(Flynn, 2005: 262)라고 부른 것을 이용하는 방법이다.6) 푸코의 관심은 다음과 같다.

---

6) [역주] '삼중의 이론적 전위'란 진리 말하기(veridiction)의 양식과 지식(connaissance)의 문제, 통치성의 테크닉과 지배의 문제, 자아의 실천과 개인의 문제를 말한다. 이는 진리, 권력, 주체의 관계를 서로 환원하지 않고 연구할 수 있도록 한다(<표 1.1>).

<표 1.1> 푸코 관심의 변화

지식	⇨ 권력/지식	⇨ 진리 말하기(진리 게임)
지배	⇨ 권력	⇨ 통치
개인	⇨ 주체	⇨ 자아

<표 1.1>은 푸코의 사고와 분석을 위한 탐구 영역이다. 우리가 각각을 분리하여 개별적으로 다룬다면 분석이 왜곡될 가능성이 있다. "하나가 다른 것으로 환원되거나 흡수되지 않으며, 서로의 관계는 상호 구성적이다"(푸코의 마지막 강좌의 첫 번째 강의에서, Flynn, 2005: 262에서 재인용). 푸코는 다른 프로젝트에서 "내가 처음부터 시도하고자 한 것은 '문제화'의 과정을 분석하는 것이었는데, 그것은 어떻게, 왜, 어떤 것(행동, 현상, 과정)이 문제가 되는지를 분석한다는 의미였다"(Foucault, 1983a)라고 말했다. 계속해서 그는 "특정 시기에 사회적 규제의 대상이었고 세상에 실제로 존재했던 어떤 것"을 보여 주고자 했다. 그는 분석에서 사회적 맥락을 어떻게든 배제하지 않았으며, '특정한 문제화'는 '특정 개인에 의해 주어진 대답'이라고 주장했다. 평범하게 내 관심과 관련하여 교육정책의 역사, 정확히는 교육문제화의 역사는 더 넓은 사회 영역에서 다룬다. 푸코에게 문제화는 연구의 대상이자 방법/연구 성향 두 가지 모두이다.

다음 장들은 푸코의 *전위*(displacement)라는 관점에 따라 매우 느슨하고 발견적으로 구성되었다. 2장에서는 교육정책의 역사를 재고하고 다시 쓰는 일에 푸코가 다양하게 활용될 수 있음을 살펴보았다. 예를 들어 19세기 교육에서 달갑지 않았지만 필요했던 국가/교사/학부모의 불편한 관계에서 출현한 교육정책을 살펴보았다. 이것은 [교육에 대한] *책임*의 분배와 재분배에 관련된 문제이다. 19세기에 국가는 다양

한 방식으로 시민에 대한 [국가의] 책임을 가정했는데, 사회 정책은 도시/문제에 대한 반응이었다. 교육정책은 자원으로서의 "인구는 무엇보다 통치의 최종 목적으로 출현했다"(Gordon et al., 1991: 100)라는 푸코 주장의 매우 좋은 사례이다. 학교교육은 '세속의 정치적 목사'로서 교사와 '도시 게임(city game)', '사목 게임(shepherd game)'을 '악마적'으로 결합한 완벽한 사례였다. 푸코는 돌봄과 관리, 규율과 조절이 서로 관련되어 있다는 것을 *배제*(exclusions)와 *피*(blood)의 계보학을 통해 말하고자 했다. 교육정책을 다룰 때, 학교가 건축과 조직으로 구체화되는 방식과 교육정책이 몸에 기입하는 것에 주목할 필요가 있음을 지적했다. 3장에서는 21세기의 네 가지 '시기'를 중심으로 교육정책의 계보를 추적하고, 불평등의 *책임*을 가정에 지음으로써 교육적 분리 (division)의 역사를 영속하는 데 교육사회학이 어떤 영향을 미쳤는지를 검토했다. 4장에서는 신자유주의, 수행성(performativity), 자유(freedom), 신자유주의적 주체의 "*책임화*(responsibilitization)"를 활용하여 현재의 교육을 연구했다.

　본격적인 논의에 앞서 설명이 다소 부족한 역사와 권력 개념에 대한 설명을 보완하고자 한다. 두 개념은 대단히 흥미로운 대상이지만 동시에 상당히 오남용된다. 이 책의 제목에서처럼 권력 또는 *권력관계*는 교육정책 분석에서 중요한 개념이다. 푸코는 권력관계가 '어디에나' 존재한다고 주장한다. 여기서 '어디에나'는 수사학적 미사여구가 아니라 권력에 대한 재진술과 전통적인 사회학적 권력 개념에 대한 푸코의 비판에서 필수적이다. 권력은 그 자체로 역사를 지닌다. 푸코는 근대적 권력을 정치적이고 경제적이며 개별적인 개인, 집단, 제도, 구조들 간 사회적 관계의 이동하고 변화하는 상호 작용 네트워크와 같은 것으로 간주한다. 권력은 소유될 수 있는 어떤 것이 아니고 실재하는 것도 아니며, 자유라고 부르는 것 너머에 있거나 반대되는 것도 아니다. 권력은 매우 다양한 종류의 관계에서 작동하고, '항상 거기에 이미' 있으며(Foucault, 1980a: 141), 우리는 '그 바깥'에 있을 수 없다. 하지만 권력이 철장(cage)을 의미하지는 않는다. 오히려 우리의 관계를 구성하는 요소이며 부분적으로 관계를 구성한다. 그렇다고 해도 권력이 '모든 것에 답하는 것'은 아니다. 우리는 권력관계의 외부에 있을 수 없지만, 그것을 바꿀 수는 있다. 권력은 예속의 한 양식이 아니며 일반적인 지배 체제도 아니다. 실제로 그것은 우리가 할 수 있는 것, 말할 수 있는 것, 생각할 수 있는 것에 관한 것이며, 그런 점에서 담론적이다. 권력은 단순히 금지하는 것이 아니라 생산적이며, 많은 경우 우리를 착취하기보다 '만든다.' 또한 종종 성공적이고 충만하며 사랑받을 수 있는 기회이다. 권력은 항상 해로운 것이 아니다. 우리는 권력관계 내에서 활동적이다. 권력은 구조라기보다 행사되는 사회적 힘들의 복잡한 배치이다. 또한 다른 종류의 관계에 배태된 전략이다. 권력은 계산적이지만 비주관적이다. 그리고 그것을 행하는 개인으로부터 분리된 합리성을 갖는다. 사람은 "권력이 행해지는 '장소'이자 저항하는 장소이다"(Mills, 2003: 35). 담론은 '권력의 도구'이자 '장애물'이 될 수 있다. 권력은 서로 교차하고 중첩되는 다양한 "힘의 관계"의 다중성이다. 그리고 서로 연결되기도 하고 단절되기도 하며, "끊임없는 투쟁과 변형의 과정" 속에 자리한다(Foucault, 1981: 92-93). [힘의] 관계는 고정적이지 않지만 특정 시점에 "국가의 장치로 체화되는" "일반 설계나 제도적 결정체(crystallization)"를 형성하는 일련의 전략이다. 그러나 이러한 힘의 관계는 일반적이기보다는 "내재적(immanent)"이고, "지역적이며 불안정"(p.93)하고, 경제, 성, 가족과 같은 다양한 종류의 관계 안에서 작동한다. 푸코가 권력의 "미시물리학"이라 부른 권력관계의 기본

37

분자는 보다 일반적인 사회적 패턴(전술)을 함께 생산하는 개인적 선택, 상호 작용, 행동(전략)이다. 푸코는 권력의 최종 형태보다는 세부적이고 평범하며 사소한 차원, 통제의 작은 지점과 미세한 특성에 관심을 두었다. 그러므로 이 모든 것을 고려해 볼 때 권력이 사회제도나 역할에 "저장"되어 있을지는 결코 명확하지 않다. 푸코는 "권력관계는 사회적 몸의 가장 은밀한 것들 가운데 있다"라고 말했다(Foucault, 1998: 119). 우리는 권력에 대한 이론적 분석과 경험적 연구의 관계, 권력을 개념화하는 방법과 방법론의 관계를 연구에 보다 적합한 의미의 단어로 이해할 수 있다. 푸코는 초기 연구『임상의학의 탄생』과『감시와 처벌』(Foucault, 1977a)에서 권력에 대한 경험적 연구를 수행했으며, 후기 연구『성의 역사』등에서 보다 이론적으로 분석했다. 방법론은 권력의 물질성, 벽돌과 회반죽(bricks and mortar)의 권력, 몸의 권력, 사회적 사건들 - 진단, 고백, 질문 - 의 권력이다. 푸코의 연구에서 '젠더'가 다루어지지 않았음에도, 페미니스트들에게 매우 매력적이었다(Sawicki, 1991 참조). 비판에도 불구하고, 푸코는 권력 안에 있는 것 또는 모든 권력 효과로서 국가를 명확히 인식하고 있었다. "[국가는] 그 기능을 가능하게 하는 전체 권력관계의 코드화로 존재한다"(Foucault, 1988b: 122). 이것이 국가, 적어도 근대적 국가의 개념이며, 이는 다음 장에서 다룰 것이다. 푸코는 1978 - 1979년에 행한 강의『생명관리정치의 탄생』(2010a)에서 근대국가의 "고유한 특징"을 상세히 설명했다.

푸코는 "권력관계"에 대해 "저항은 절대 권력의 외부에 있지 않고"(Foucault, 1981), "주체들이 자유롭지 않다면, 권력관계는 존재할 수 없다"(1981: 12)라고 주장한다. 권력과 마찬가지로 저항도 다면적이며 다양한 사소한 행동들이 스쳐 지나가는 순간들 속에 서로 다른 형식으로 다양한 지점에서 다양한 목적과 가능성을 가지고 작동한다. 푸코는 특별히 민중 봉기와 "테크닉, 권력의 형식"에 대한 "공격"으로서 "반(反)권위적 투쟁"에 주목했다(Foucault, 1982: 212). 이는 주류 사회의 외부에 있는 사람들에 대한 그의 관심과 맞아떨어진다. 이들은 대량 학살자 피에르 리비에르(Pierre Riviere)의 고백에 대한 연구에서처럼 미친 사람, 비정상인, 초현실주의자, 폭력주의자, 즉 (그의 표현에 따르면) "추방되고 버림받은 자들"이다.

그러나 권력관계에서 자유에 대한 푸코의 관심이 초기보다 후기 연구에서 훨씬 명확해졌음을 지적할 필요가 있다. 권력에 대한 푸코의 초기 연구를 접한 많은 독자들은 담론과 규율의 어두운 디스토피아를 떠올린다. 우리는 권력관계의 현시이며 그러한 권력관계는 "어디에나" 있으며 "모든 것"이기도 하다. 그러나 푸코를 옹호하자면 푸코는 스스로 이론가가 아니며 일반 사회이론을 발전시키고자 하지 않았고 (Olssen, 2006을 보면 훌륭한 설명이 있음), 대신에 "전략적 지식"을 차곡차곡 전개하는 일에 종사했다고 말했다는 것을 기억해야 한다. 그는 "'권력이란 무엇인가'라는 질문은 많은 것에 답하는 확실히 이론적인 질문이지만, 내가 연구하고 싶은 것은 아니다"(Foucault, 2006b: 33)라고 말했다.

이미 언급한 것처럼, 푸코 "방법"의 주된 특징 중 하나는 역사와 계보학의 생산이다. 이것은 본질주의와 보편적 실재에 대한 거부로부터 논리적으로 도출된 것이다. 역사는 불확실성과 우연성 그리고 절대적 진리가 역사적 구성물임을 증명하는 방법이자 "현재의 존재론"을 구성하기 위한 도구이다. 이것이 『감시와 처벌』이나 『성의 역사』에서 행한 작업이다. 푸코의 계보학도 니체(Nietzsche)의 영향을 받아, 역사의 연속성과 역사적 법칙의 체계화를 거부한다. 역사를 통해 드러나는 "영원하고 본질적인 비밀"(1984a: 78)이란 없으며, 이는 정말로 "미숙한 탐색"(adolescent quest)(p.79)이다. 오히려 프라도(1995: 34)가 "역사란 복잡성과 불균형에 대한 힘겨운 추적에 지나지 않는다"라고 했던 것처럼, 계보학은 미세한 특성이나 특이성, "사소한 일탈… 반전… 오류… 잘못된 평가"에 초점을 맞춘다(p.36). 푸코는 계보학적 연구를 다음과 같이 설명한다.

> … 역사적 지속성, 직접적인 인류학적 특성, 모두에게 획일적으로 부과되는 확실성을 적용하려는 유혹이 있는 곳에서 특이성을 가시화하는 것을 의미한다. 사물이 "그렇게 필연적이지는 않았다"라는 것을 보여 주는 것이다(Foucault, 1991b: 76).

여기에서 몸은 은유적으로 중요한 역할을 하는데, "몸은 사건이 새겨진 표면"이며 "규제하는 담론의 효과를 산출하고 드러낸다"(Foucault, 1984a, p.82). 계보학의 임무는 "역사에 의해 완전히 각인된 몸을 드러내는 것"(p.82)이다. 몸에 대한 관심은 두 가지 일을 수행한다. 그 하나는 역사를 본능적인 것, 고문과 감금과 명령의 역사, 여러 종류의 권력 행위, 폭력적이고 세밀한 것, 인간의 신체에 가해지는 것으로 만든다. 다른 하나는 자아와 주체의 위치를 바꾸는 역할을 한다. 주체는 담론과 규율에 우선하는 무엇이 아니라, 우연적인 역사적 산물이고, 이는 니체를 따라 푸코가 "출현"이라 부른 "특정 단계의 힘"의 효과이다. 타고난 것, 진실한 것, 필연적인 것으로 보이는 것은 힘들의 충돌에 의해 가능하다. 사소하고 초라한 것들도 역사를 갖는데, 계보학은 역사가 없을 것으로 생각되는 것들에 대한 역사이다. 특히 계보학은 권력 양식의 역사에 초점을 둔다. 계보학은 서구 근대적 사고의 진부함과 그러한 사고를 가능하게 한 것들에 대한 철학적, 인식론적 거부이며, 새로운 역사적 용어를 만들고자 하는 시도이다. 이는 놀랍고 위협적이면서도 사실 매우 독창적이다. 그것은 전통적인 역사와 절차, 가정 그리고 지식과 철학의 정체를 폭로하려는 시도이다. 이는 푸코만의 독창적인 찬탈 행위로, 우리가 이론화한 것과 이론적 도구 모두를 공격한다. 실제로 계보학적 연구는 "원자료의 방대한 축적"과 "치열한 박식함"을 필요로 한다 (1984a: 76-77). 당면한 문제는 둘 모두에 부응하기 쉽지 않다는 것이다. 대부분의 계보학 연구는 "전통적" 역사와 방법을 이해할 만한 수준에서 받아들인다. 여기에서도 마찬가지일 것이다.

계보학과 그것의 니체적 기반에 대한 제대로 된 철학적 논의를 시작하는 것이 썩 내키지 않고 능력도 부족하지만, 프라도(1995)와 마혼 (1992)에 의지하여 논의를 수행하고자 한다. 특히 교육정책의 계보학을 계획하는 데 필요한 계보학의 주된 "실천적" 특징을 강조하고 싶다. 푸코의 지적 실천의 기본인 계보학에 주목한다는 것은 『광기의 역사』에서 『성의 역사』에 이르는 그의 모든 연구에서 지속되고 반복되는 것에 관심을 기울이는 것이다. 계보학은 푸코 연구에서 주된 영역이며, "이전의" 고고학에서 기인한다(Prado, 1995). 고고학과 계보학을 구분하는 것이 쉽지 않지만 푸코는 두 방법을 사용하여 배제되고 숨겨진 텍스트와 목소리에 기대어 규율, 제도 그리고 실천의 역사를 새롭게 말하고, 기존 역사의 헤게모니에 의문을 제기했다. 계보학은 특정 시기의 인간이 구성되는 방식과 인간을 구성하는 사회적 실천을 찾는 것이었다. 그것은 우리가 제한되고 억압받으며 결정되는 방식을 입증하는 것이 아니었다. 이와는 전혀 다르게 우리가 무엇이고, 누구인지에 대한 우연성과 변화 가능성을 보여 주는 것, 일탈의 가능성을 만들며, 고체성과 필연성을 해체하는 것이었다. 이런 맥락에서 멘디에타 (2011)는 계보학이 "우리를 시험함으로써 존재의 지평을 열어주고 …

41

한계를 넘어서게 하는 창조적 자유"를 제공한다고 주장한다. 권력과 관련하여 푸코는 역사의 "이면", 즉 "예속되고", "부적격한 것"으로 간주된 지식(Foucault, 1980b: 82)에 관심을 보였다. 그는 "학문적 지식과 국지적 기억을 조합하는 데 계보학이란 용어를 사용해 보자. 이는 우리로 하여금 투쟁의 역사적 지식을 확립하게 하고, 오늘날 지식을 전술적으로 사용하게 한다"(p.83)라고 말한다.

푸코의 연장통에서 많은 도구들을 꺼냈다. 그것들은 나의 출발점이자 이 책에서 다룰 것들과 관련된다. 푸코하기에는 가능성과 불가능성이 어느 정도 있다. 그것은 내가 푸코 읽기를 원하는 이유이자 제목에 푸코를 넣어 책을 쓰기 원하는 이유다. 그리고 "전통적" 사회과학에 다시 빠지는 상황을 위한 변명이기도 하다.

다음 세 장에서는 푸코의 주장을 나름대로 발전시켜 논의하고 있지만 순서에 관계없이 읽어도 좋다. 내가 교정본을 읽었을 때, 2장은 다소 길고 복잡해서 3장을 먼저 읽으면 더 쉽게 읽힐지도 모른다는 생각을 했다. 2장에서는 교육정책 관련 연구물을 배제의 역사로서 재구성하기 위한 기초를 다지고자 한다. 이를 위해 잘 알려지지 않은 푸코의 강의를 사용하게 될 것이다. 3장에서는 2장에서 대략적으로 서술한 분석을 "현재"의 다양한 사례에 적용할 것이다.

42

Chapter 02

교육정책의 역사를 다시 쓰기

비록 푸코가 광범위한 교육의 역사를 연구한 적은 없지만, 그
것이 그에게 그렇게 어렵지 않았을 것이다. 교육은 감옥, 섹슈얼
리티와 같이 서구 근대 사회를 조형하고, 주체에게 영향을 미친
토대이다(Devine-Eller, 2004: 1).

계보학 그 자체에 집중하는 것, 그 안의 사소한 세부 사항들을
분석하는 것, 그 연결망의 가장 먼 경계 지점들에 도달하는 것, 작
동에 은폐된 미시적 메커니즘을 발견하는 것, 이론화된 가장 섬세한
측면들을 파악하는 것을 제외하고 계보학이 진정으로 무엇인지를
이해할 방법이 없다는 결론에 도달했다. 이것이 자신만의 계보학을
기술하는 모험으로 나아가는 첫 단계이다(Tamboukou, 2003: 140).

2장과 3장에서는 "비판적"이고 "효과적"인 교육정책의 역사를 다룬
다. 교육정책의 역사는 단순히 자기-지시적(self-referential)이지 않
다. 그것은 푸코에 "관한" 역사가 아니라, "해석적 분석"의 실제로서

계보학"하기"에 관한 것이다. 지식과 권력의 상호 작용에 주목하는 효과적 역사(effective history, wirkliche Historie)는 인간 본성과 자아의 기반을 뒤흔드는 일탈적, 주변적, 불연속적인 것이다. 이는 "현재에 대한 의문"(Foucault, 1988a: 262)에서 파생된 것으로 "현재 실제로 당면한 문제, 필연성, 한계"를 다루는 방식이다(Dean, 1994: 20). 역사란 결정론자들이 말하는 인과적인 것이 아니라 "끝없이 반복되는 지배 행위"에 배태된 것이다(Foucault, 1984b: 150). 역사란 어떤 지배에서 다른 지배로 향하는 인간성의 진전이다. 이런 점에서 교육정책의 역사에 관한 연구는 심층적으로 탐색하기보다는 세세하지만, 결코 사소하지 않으며, 핵심적이지만 '표면적인 것'에 주목한다(Dreyfus & Rabinow, 1983). 구체적으로 법보다 실제, 수사(rhetoric)보다는 담론, 구조보다는 테크닉과 절차에 일차적 관심을 둔다. 또한 상호 연관된 계보학이나 다른 역사의 읽을거리들과 같은 다양한 층위의 분석이 포함될 것이다. 여기에서는 정교한 분석을 통해 그것을 드러낼 것이고, 당연하게 받아들였던 권력의 행사를 "견딜 수 없는 것"으로 만들 것이다.

"늘 도전했다. 늘 실패했다. 괜찮아. 다시 도전하자. 다시 실패하자. 더욱 멋지게 실패하자"라는 사무엘 베케트(Samuel Beckett)[1]의 조언과 "계보학을 통해 제기된" 철학적이고 이론적인 많은 질문이 "특정 계보를 분석하는 실제 '작업'에서 더욱 효과적으로 작용할 것"이라는 마리아 탐보우코우의 지적(2003: 9)을 명심할 필요가 있다. 계보학은 사례를 통해 완전히 연구되었기보다는 푸코가 "개방된 서류(open dossiers)"라고 부른 것처럼 이제 시작 단계에 있으며 그 첫발을 떼고 있다. 여기에서는 교육 연구에서 제대로 적용되지 않은 푸코의 일부 강

---

1) [역주] 사무엘 베케트(Samuel Beckett)는 프랑스의 소설가로 『고도를 기다리며』 등의 작품이 있다.

의와 『감시와 처벌』을 활용할 것이다. 또한 푸코가 잠깐 언급하고 넘어갔던 추가적인 관계를 탐구하기 위해 그의 용어를 사용할 것이다. 이들은 허용될 수 없는 것이라기보다는 어떤 것에 대한 열정적 역사이다. 그러나 이것이 숱한 오해의 소지를 제공한다는 것도 알고 있다. 분석에 사용된 원자료는 주로 영국의 것이지만, 그럼에도 불구하고 학교교육에 대한 일반 원리를 수립하고자 할 것이다. 중요한 것은 방법이다.

요컨대, 어떤 교육정책을 실제로 분석할지와 관련하여 내 위치를 새롭게 설정하고 나에 관해 다시 쓰기를 시도하면서 나에 관해 연구할 것이다. 이것은 교육사회학 연구의 장에서 배제되고 다루어지지 않았던 것들의 자리를 새롭게 정립할 것(Troyna, 1994)이며, 아울러 새로운 윤리적 실천을 모색할 것이다. 4장에서 이러한 시도를 이어갈 것이다.

무너질 것 같고, 추하며, 악취가 나는 학교

직원들은 학교의 열악한 조건에서도 큰 희망은 없었지만 정직하게 일했다. 학교는 북쪽의 매우 큰 철도 조차장과 마주하고 있었다. 학교는 매일 아침부터 저녁까지 큰 소음이 시끄러웠고, 교사들은 경쟁적으로 고함치면서 60명 정도의 아이들을 가르쳤다. 출근부를 살펴보면, 모든 교사가 출근한 주는 드물었던 것 같다. 'F 선생과 D 선생이 목이 아파서 결근했다'라는 기록이 반복되었다.

학생의 1/4 정도가 친구들과 함께 결석했는데, 이는 학급 규모를 고려하면 다행스럽기도 했다. 교사 중에서 젊지만 허약했던 스콧은 손수건을 빤히 쳐다보며 그곳에 기침하는 역겨운 버릇이 있었다. 지금까지 걱정스럽게 피를 토하는 폐결핵 환자를 보지 못했다.

왕립 장학관은 결코 우리에게 만족하지 못할 것처럼 보였다. 우리는 장학관들이 파리에서 온 코미디언처럼 번지르르한 말로 연설한다는 것을 알아챘다. 그들이 왕을 두려워하듯 교사들은 장학관을 두려워했다. 학자들은 그들의 두려움을 알았고 이를 즐겼다. 영리한 남자아이들이 마치 신과도 같은 장학관들의 질문에 똑똑하게 대답할 때 교사들은 안도하곤 했다(Roberts, 1973: 134).

19세기 말, 영국 교육은 금방이라도 무너질 것 같았다. "법률가, 이론가, 개혁가들의 요구보다는 규율을 위해 생겨난 잡다한 종교 학교와 자선 학교들로 "이루어진" 난삽하고 한심한 모양이었다"(Deacon, 2006: 122). 1870년경부터 생겨난 새로운 공립학교는 자원이 턱없이 부족하고 건물도 제대로 갖추지 못한 채 학생을 막무가내로 대량 생산하는 학습 공장이었다. 이는 산업이 급성장하던 당시 풍경의 일부였다.[2] 헌터(Hunter, 1996: 147)는 "교육제도의 역할에 관한 핵심 교육원리도 없이 단지 학교만 있었다"라고 지적했다. 대부분 학교는 "형편없었고" 악취가 났으며(McCulloch, 2011), "임시변통으로 생긴 역사적 산물"이었다(Hunter, 1996: 147). 그럼에도 불구하고 학교는 거리의 모퉁이에서 새로운 종류의 물리적이고 경험적인 국가를 대표했다. 학교는 교사, 교장, 장학관과 같은 새로운 종류의 국가 행위자들로 채워졌는데, 그들은 새로운 국가 양식인 관료제를 대변했으며, 그 양식에 따라 배치되었다. 학교는 새로운 지식과 기술, 아동의 마음과 본성에 관한 과학을 바탕으로 "교육적 기계(pedagogical machine)"를 생산했다. "초등교

---

2) 디콘(Deacon, 2006: 121)이 "근대교육은 우연적, 비연속적, 상호 의존적인 물질적 실천과 다양한 규율 테크놀로지의 요구 때문에 출현했는데, 아마도 미리 조직되어 왔다"라고 지적했듯 모든 것에는 더욱 긴 역사가 있다는 것을 깨닫는 것이 중요하다.

육의 목적은 아동의 본성을 이해하고 그들의 자질을 가능한 최대로 발달시키는 것이었다"(Tate, 1857). 푸코는 학교를 "벽, 공간, 제도, 규칙, 담론과 같은 다양한 요소들이 서로 중첩된 연결망"이라고 생각했다(1979: 307). 나중에 살펴보겠지만, 여러 가지 점에서 학교의 물질성은 중요하다. 학교는 일반 권력의 연결망 안에서 지역에 기반을 둔 기관이었고, "감금 도시"의 "지정학"(p.307), "다양한 특성과 수준을 가진 요소들의 전략적 분포"(p.307)의 일부로 발달했다. 시간이 지남에 따라 학교와 연결망 내의 다른 제도들, 예를 들어 고아원, 병원, 소년원, 교도소, "집" 그리고 피난처(Scull, 1979 참조)와의 관계가 변화했다. 제도를 둘러싼 지식의 분포와 마찬가지로 지식과 지식의 담지자들은 종종 경쟁하였다. 이들 제도의 연결망은 "군도(群島, archipelago)"처럼 "미시 권력"을 구성하지만 그렇다고 "하나의 목소리만 가진 것은 아니다. 셀 수 없는 대립의 지점과 불안정성을 특징으로 한다"(Foucault, 1979: 27).

학교의 교사들은 전문가이자 "윤리적 모범"으로 훈련받았다. 교사들은 "많이 교육받기"보다는 "도덕적"이 되도록 훈련받았다(Jones, 1990: 62). 교사들은 "근대적"이고 "도덕적"이며(Larsen, 2011), 무질서와 사회적 혼란을 방어하는 요새이자, 과학적이고 철학적인 자질을 갖춘 사람으로 여겨졌다. 교사들은 도시 대중의 자녀들을 자신의 "도덕적 관찰" 아래 두었다(Donald, 1992). 학교는 보호소처럼 "보편적인 도덕성을 그것이 생소한 아이들에게 심어 주고자" 노력했다(Foucault, 2001b: 246). 이때 주목할 점은 이전에는 개별 학교가 담당했던 교사 훈련을 국가가 책임지기 시작했다는 것이다. 가르치는 것이 직업으로 자리를 잡던 초기의 교직은 그 성격과 경계 그리고 대상을 정의하는 지식(savoir)의 영역으로 [학교와 같은] "학습자" 기관을 그 중심에 두었던 정치 구조 및 도덕적 실천과 연관되어 있었다(Popkewitz & Brennan,

47

1998 참조). 진리, 권력, 윤리라는 푸코의 세 가지 "경험 측면"은 학교교육과 학습자와의 관계에서 매우 분명하다. 학교를 조직하는 지식의 영역[진리]은 교육학이었으며, 정치적 개입[권력]은 의무교육과 장학으로 나타났다. 윤리적 위치[윤리]는 자신과 타인과의 관계 형성을 강조했으며 그 예가 학급의 모델로서 교사였다. 이들 각 측면은 "다른 두 가지의 변형 때문에 영향을 받았다"(Foucault, 1997a).3)

교사와 학생은 장학, 비교, "성과급"이라는 "무서운(terror)" 제도 안에 자리를 잡았다(Perryman, 2007). 그들은 공장과 마찬가지로 재정을 생산성이나 산출물과 연계하는 일반적인 경제적 통치의 대상이었다. 감독관은 똑똑한 학생과 실패한 학생을 판단함으로써 학습자를 새로운 유형으로 분류하는 실천을 했다. 학생들은 새로운 교수방법과 평가 기법을 통해 분류되었다. 새로운 학습자 유형은 "소박한 양식"의 학교 조직, 의무교육 그리고 전문가 지식을 바탕으로 생산되고 창조되었다. "똑똑한" 학생과 "부족한" 학생 모두 직접적 개입의 대상이었다. 1880년, 6-10세의 아동들에게 학교교육이 의무화되었다. 이후 "교육복지 담당"4)으로 불린 "몰이꾼들(whippers in)"은 거리의 아이들을 학교로 보내고 가족들에게 자녀들을 취학시킬 책임감을 느끼도록 애쓰는 새로운 국가 행위자들이었다. 부모들은 의무의 윤리와 관련하여 빠르게 분류되었다. 그리고 일부 아이들은 "동화되기 어려운 아이"로 분류되었고 학교가 아닌 다른 곳에서 "교육되었다"(아래 참조). 이미 언급했던 것처럼, 국가가 세운 새로운 학교들은 19세기 도시에서 콜레라의 발생

---

3) [역주] 세 가지 경험이란 진리 게임, 권력관계, 자신과 타인과의 관계 형성을 말한다. 특정 목표와 대상의 설정, 자아의 통치와 정치의 발전, 자신과 관련된 윤리와 실천의 정교화 세 가지 중에서 어느 한 가지를 강조할 경우 다른 두 가지 요소가 드러나고 영향을 받는다(Foucault, 1998).

4) [역주] 학교 취학을 권유하는 관리를 의미한다.

을 방지하기 위한 통계, 역학, 공중위생이라는 하부 구조의 방법론을 사용하여 질병과 그 패턴을 확인하기 시작한 공중 보건의 초기 체제와 병원, 보호소, 감옥 등 "권력의 격자(the grid of power)"를 구성하는 다른 건물, 관료제, 실천 매트릭스의 일부였다. 이것은 헌터(Hunter, 1996: 153)가 "촘촘한 제도들의 군도(群島)"(p.147)라고 명명한 것인데 서구 문화의 도덕적이고 물질적인 잡동사니의 조합이었다. 이런 제도 안에서 "기술적 사회과학이 행정의 맥락에서 자리를 잡기 시작했다"(Dreyfus & Rabinow, 1983: 134). "몸의 정치적 테크놀로지"(Foucault, 1979: 26)로서 통치는 점점 국가의 복지와 안전의 지표이자 촉진자인 인구의 정신과 몸 그리고 행복에 관심을 두게 되었다. 학교는 "자의적 잔혹함(arbitrary cruelties)"을 바탕으로 가정과 일터의 중간에서 아동을 사회화하고 교화하는 역할을 담당했다. 통치와 기회, 능력과 자유가 국가 교육의 "적극적 자유(positive liberty)"에 나란히 배치되었다. 1867년 개혁법이 통과되자 당시 재무부 장관이었던 로버트 로우(Robert Lowe)는 "이제 우리는 우리의 주인(masters)을 교육해야 합니다"라고 주장했다.

오늘날 어린아이들의 품행을 5년, 20년 전과 비교할 수 있는 사람은 누구나 그들의 거친 태도가 얼마나 부드러워졌는지, 얼마나 쉽게, 지적으로 대답할 수 있는지, 낯선 이들에 대한 비우호적 편견이 얼마나 사라졌는지, 그들이 얼마나 교양을 갖추게 되었는지 금방 알아차릴 것이다(Report of HMI, 1895).

국가는 사회적인 것의 새로운 지평으로 그 영향을 확장했으며 새로운 방법을 채택했다. "국가는 교육뿐만 아니라 정부, 산업, 사회조직의 개혁을 통해 국가 권력을 새롭게 정의하고 확대했는데 그 목표는 국가

효율성이었다"(Donald, 1992: 27). 인구는 자원으로 간주되었으며 "사회 질서, 경제 번영, 사회 복지와 같은 행정 국가의 통상적 목표"로 주목받았다(Hunter, 1996: 153). 새로운 정치적 합리성과 실천은 "더 이상 좋은 삶의 추구나 단지 왕을 보필하는 것이 아니라, 엄격한 규율 아래 국가 주체(state's subject)로서의 몸을 '분별 있고 건강하며 경쟁적'으로 만들고자(Jones & Ball, 1995: 68) 국가 권력의 범위를 확대했다"(Dreyfus & Rabinow, 1983: 137).

여기에서는 근대 학교와 현대 교육정책의 역사를 진리 게임과 권력 실천의 관계를 바탕으로 (재)구성하고자 한다. 두 가지 모두 "충격과 놀람"의 연속이자 권력 테크놀로지의 적용과 "끊임없이 새로운 대상을 만들어 내는" 지식의 배치를 통한 연속되고 반복적인 출현이라는 모양새를 보인다(Foucault, 2009: 79). 이 과정에서 교육정책은 인구 관리와 그 '자연스러움'에 초점을 둔 다양한 안전 메커니즘으로 자리 잡았다. 그것은 생산성, 혈연, 정상성, 분류/배제, 복지와 그들 간 상호 작용의 반복으로 나타난다. 우리는 분류와 배제의 역사와 피의 역사라는 서로 긴밀하게 연결된 두 개의 방식으로 교육정책의 역사를 새롭게 쓰고자 한다. 이것은 상호 연관된 세 가지의 벡터들, "비정상성", "인종", 사회 계급을 중심으로 시도되었다. 이번 장에서는 이들 역사의 일부를 개관할 것이고, 다음 장에서 보다 심도 있는 논의를 전개할 것이다. 이것이 바로 푸코의 연구 정신이었던 문제화의 역사이다. 문제화는 "실천적 난제들을 여러 해결책이 제안될 수 있는 일반적인 문제로 바꾸는 것이다. 그것은 다른 해결책들이 계속해서 시도되기 위한 구성 요소들을 밝혀 준다"(Foucault, 1984[1997], p.5)라는 점을 명심해야 한다.

분류화의 역사

교육정책의 역사를 계보학적으로 쓰기 위해서는 두 가지 문제에 주목
할 필요가 있다. 첫째, 규율(disciplinary)과 조절(regulatory)이라는 두 가
지 테크닉과 정치가 존재하는데, 각각은 물론이고 둘 사이의 관계에도
주목해야 한다. 규율 테크닉은 해부정치이며 조절 테크닉은 생명정치이
다. 인구 관리와 밀접하게 관련된 두 종류의 권력과 수준이 존재한다. 규
율 권력은 개인의 몸에 초점을 두고 "개인을 조련(調練)하는 규율 테크놀
로지"(Stoler, 1995: 82)인 데 비하여, 조절 권력은 인간-종(species)의 신
체적 삶에 주목하며, 개인화보다는 "세계화"하는 것이다. 조절 권력은
"국가의 생명 조절"이며, 대체로 사회 내부의 위험에 관한 것이다(Stoler,
1995: 82). 둘째, 우리의 역사를 구성하면서 학교나 국가 그 자체보다는
제도로써 학교를 만들고, 학교의 기능과 효과를 구성하는 테크놀로지와
국가의 형식이나 방식에 관심을 두어야 한다. 탐보우코우(2003: 11)는
"분석을 통해 실천을 해체하면 할수록 그들 사이의 상호 관련성을 발견
하는 것은 더 쉬워질 것이다"라고 주장한다. 그래서 우리는 익명의 기능
적 규율 권력을 중심으로 논의를 시작하고자 한다. "규율 권력 체제는 권
력과 지식의 효과이자 대상이다"(Foucault, 1979: 192). 그것은 분류화(clas
sifications)의 계보학이며, 보다 정확히는 규범화(normation)와 정상화(nor
malization)의 계보학이다.

이러한 내용은 콜레쥬 드 프랑스에서의 강의 『안전, 영토, 인구』 중
1978년 1월 24일 자 강의에서 발견할 수 있다. 푸코는 자신의 초점이
"규율 메커니즘"에서 "안전장치"로 옮아갔다고 주장하고, 그들 사이의
차이를 강조하여 설명했다. 그는 자신이 "지배자를 들먹이거나, 권력에
대한 단조로운 주장을 반복하는 것을 멈추기"를 원했다(Foucault, 2009:

55-56). 이 강연에서 푸코는 규율에 대한 자신의 관점을 "아주 거칠고 도식적으로 수천 번 말해진 것으로" 요약했다(p.56). 그에 따르면 규율은 "정상화"하고, "분석하며 해체하는 것이다; 그것은 개인, 장소, 시간, 움직임, 행위, 조작을 해체한다. 규율은 이것들을 인지할 수 있고 변형할 수 있는 요소로 분해한다"(p.56). 이런 의미에서 교실을 규율 패러다임으로 살펴볼 수 있다. 교실은 기본적으로 위에서 말한 용어들로 조직되어 있다. 학습자들은 나이, 성, 능력, 재능이나 특수성 그리고 비정상성과 관련된 "요구"에 따라 "인지되고", "변형되며", "분해된다." 학교는 교실로 분리되며, 학교 일상은 시간표와 교육과정(일련의 지식 공간들) 그리고 특별 장소로 나누어진다. 학생들의 움직임은 수업에 따라 그리고 수업 안에서 구분된다. 학생들은 각자의 자리로 배치되며, 책상이나 줄에 맞춰 정렬되고, 시험 테크닉에 의해 딱지가 붙여지며, 검사받고, 측정되며, 계산된다. 읽기와 쓰기, 등수와 시험은 규율과 분화의 양식으로 발전되었다. 이것은 인간의 능력이 측정되고 비교될 수 있는 "문법 중심의 세상(grammocentric world)"에 학습자를 위치시킨다(Hoskin, 1990). 글쓰기를 통한 규율은 측정 수단이자 학습자를 기록하는 수단이다 - "권력은 개인성을 관찰의 장으로 불러들였으며, 글쓰기의 장에서 개인을 객관적 실재로 고정했다"(Dreyfus & Rabinow, 1983: 159). 측정과 시험이라는 새로운 테크놀로지로 인해 다양하고 "허접한 아카이브"로 저장된 "학업 기록"이 급속히 증가했다(Foucault, 1979: 191). 학생들은 (문자 그대로) 측정되었고 (여러 의미로) 기록되었으며 사진 찍혔다(Humphries & Gordon, 1992 참조). 도날드(Donald, 1992: 31)는 "이 테크닉에 대한 비밀스러움이나 신비로움은 없었으며, 학교의 구조와 일상을 이루었다"라고 말했다.

학교교육은 획일성과 개별성이라는 모순 위에 (재차 문자 그대로) 세워졌다. 즉, 분리와 분화의 방법론 안에 집합주의 관점이 매개되었다. 정책과 이론 속에서 학교의 이념, 물질성, 상상물, 접합물은 구분하고 분류하며 동시에 배제하는 중심적 기제로 등장했으며, 실제로 그러한 기능을 담당했다(Bennett, 1995 참조). 슬리(Slee, 2011: 42)에 따르면, 배제는 "학교교육 문법의 제도적 모습이자 그 일부"였다. 학교는 많은 점에서 인간성의 표현이었으며, 인간성의 한계를 구분하는 경계(누가 교육이 가능하고 투자할 만한 가치가 있는지 그리고 누구는 그렇지 않은지)였다. 베이커(Baker, 1998: 138)는 이를 "정상 아동의 범위"라고 불렀으며, 예나 지금이나 "다양한 담론을 통해 이미 타자화된 아동을 수용할 타자성의 공간"(Baker, 1998: 138)을 만들기 위해 교육학적이고 심리학적인 범주들이 이용되었다. "의지박약", "지진아", "문제아", "준비 단계", "ADHD", "정서 혼란", "학습 장애", "하위 종의 동물학"(Oksala, 2007: 50)은 "지능", 질서 정연함, 기억 속도, 인종과 계급의 접합과 같은 실천과 지식으로 형성되었다. 규율 권력은 배치하고 분리하기 위한 "분석의 일종"(Foucault, 1979: 197)이다. "권력은 분석 공간"(p.143), "세포 공간"(p.144), "치료 공간"(p.144), "엄밀한"(p.143) 공간을 조직하고 그 분포를 조직한다. 권력은 측정과 같은 특정한 진리 의례(rituals of truth)와 연결된 대상으로 실재를 생산한다.

19세기 후반 영국 학습자의 "능력"과 교사의 역량은 적절하게 이름 붙여진 "기준"에 따라 조직되고 규범화되었다. 이들 기준은 모두 도덕적 의미를 담고 있었다. 푸코가 보기에 19세기 학교는 "방해받지 않는 시험 장치"였다(1979: 186). 시험은 "학교에서 계속해서 반복되는 권력 의례를 통해 짜인(p.186)" 동시적 평가와 비교를 위한 메커니즘이었다. 시험을 통해 학습자는 가시화된 반면 권력은 보이지 않게 되었으며, 학습자는 오직 자신이 수행해야 하는 과제와 시험만을 인식할 수 있게 되었다. 기준은 단순하고, 개별적으로 분석이 가능한 형태로 분리되었다. 그리고 "개인을 등수로 나타내는 것과 향상을 위해 개인에게 과제를 부과하는 기능을 담당했다"(Devine-Eller, 2004: 6). 어떤 이는 "앞" 서고 다른 이들은 "뒤"처진, 어떤 이는 교정이 가능하며 또 어떤 이는 그렇지 않은 서로에 관한 (모든 의미에서) 일종의 시간에 따른 질서를 생산했다. "규율적 시간은 … 점차 교육적 실천으로 부과되었고"(Foucault, 1979: 159), "학생들을 더욱더 정교하게 시간 단위로 분할하는 교육학적 위계가 만들어졌다"(Devine-Eller, 2004: 7). "발달"심리학과 인지심리학의 영향으로 특정 공간이 시간의 흐름에 따라 만들어졌다. 다시 말해 가르치는 일과 교육과정이 시간에 따라 조직되기 시작했다. 예를 들어, 번스타인(Bernstein, 1990)의 "수업 진도와 순서(pacing and sequencing)" 나 푸코의 시간 "계열"에 따른 "최적의 절차와 조정(optimal sequences and coordinations)"(2009: 57)에 따라 학습자를 범주화했으며, 이를 통해 학습자에 대한 "세밀한 통제와 (분화, 교정, 처벌, 제거와 같은) 규칙적 개입이 가능해졌다"(p.160). 수업 진도와 순서에 관한 결정과 그에 따른 개입은 교육적 실천에 대한 전문적 지식을 위한 새로운 공간을 생산했다. 그리고 시간이 지남에 따라 이론, 교육학 그리고 반(半)교육학(사목적, 규율적 전문 지식의 특별한 하위 분야로서 교정 교육)을 위한 새로운 공간이 만들어졌다.

교육학적 권력(pedagogical power)의 테크닉과 절차는 미세하고 까다로우며 눈에 잘 띄지 않는다. "푸코에 의하면 시간은 '진화적'이고, '누적적'이며, 목표를 향해 나아가는 안정적, 선형적, 연속적, 진보적인 것이었다"(Devine-Eller, 2004: 7). 노동자의 일과 임금을 시간에 따라 개혁한 "공장의 악마적 지배자"(Foucault, 2006a)였던 시계는 학교를 조직하는 기본 원리이기도 했다. 리듬, 반복, 순환은 근대적 에피스테메에

확실하게 근거한 학교를 위해 "해부학적 – 시간 구성의 도식(anatomo – chronological schema)"을 생산했다.

현재는 언제나 지나간 날과 비교하여 진보된 것이며, 고정된 준거점과 달리 남아 있는 시간으로 간주된다. 현재의 의식은 미래에 고정된 지평과 연결된다. 시간은 한정되어 있지만 아낄 수 있고 만들 수 있으며 현명하게 사용할 수 있다. 활동과 과제 경험은 교사가 (시험, 기준, 수준을 고려하여) 정한 "진도"에 달려 있다. 수업은 "끝내지 못한 사람은 누구니?", "너는 5번 문제를 얼마나 틀렸니?", "빨리해, 다른 아이들이 기다리고 있어"와 같은 교사의 재촉 때문에 자주 중단된다(Ball, Hull et al., 1984: 41 – 42).

[학교에서] 시간(지각, 결석, 공부 중단)은 게으름, 건방짐, 지저분함을 망라한 "마땅히 처벌해야 하는 일반적 특성"의 일부로 미시적 – 처벌의 근거가 된다(Foucault, 1979: 178). 학교에서 처벌은 막대기, 슬리퍼, 가죽 채찍을 통한 "스펙터클"한 "군주적 실천"을 포함하고 있었으나, 시간이 지남에 따라 점점 교정과 치료적 실천이 증가했다. 이러한 변화의 핵심은 "적게 처벌하는 것이 아니라 더 효과적으로 처벌하는 데 있었다"(p.76). 학교는 학습자에게 적용할 형식적이고, 까다로우며, 일상적이고, 반복적인 행위와 작동이 세밀하게 결합된 규율을 개발했다. 이것은 인식과 행동 수정을 위한 "분석적 – 실제적 격자"(pp.56 – 57)였으며, 번스타인이 말한 "수리(repair)"를 의미했다. 학습자는 측정을 통해 교정되었을 뿐만 아니라 "발달"을 나타내는 표식에 따라 변화하고 움직여야 할 지속적인 개입의 대상이었다. 이는 푸코의 규율의 두 번째 특성과 관련된다. 이 특성은 "규율은 구성 요소를 분류하고 명확한 목표에

따라 구체화한다"(p.57)와 "아이들이 특별한 결과를 얻을 수 있는가?"라
는 물음과 관련된다. 이때 요점은 학교교육을 조직하는 원리의 하나로,
한편으로는 차이를 강조하고 다른 한편으로는 차이를 소거하여 유사성
을 강조하는 *성취 수준에 따른 집단편성*이다. *소수의 예외를 제외하고,
학교제도는 분류와 분화의 역사에 기원을 두고 있다. 특히 학교제도는
더욱 확실한 능력*(ability)*을 나타내는 지표로 여겨지는 성취 수준에 따
라 접합되었다.* 모든 학교제도가 집단편성과 분화에 따라 구성되었으
며, 다양한 구별이 교실에서 일상적으로 행해졌다. 좋은 의미에서 분류
하는 행위와 테크닉이 가르치는 기술과 역량으로 간주되었다.

   푸코는 분류 과정의 핵심을 정상화(normalization)로 보았다. 정상화
는 "규범의 기본적이고 근본적인 특징"(p.57)으로 실천을 통합하는 하
나의 기준이다. 학교에서 가장 확실하고 친숙한 정상화는 능력에 따라
분배하고 등수에 따라 유형화하는 것이다. 학교교육의 핵심 활동인 능
력을 발견하는 다양한 방법은 모두 규범의 효과이자 접합이었다. 학교
에서 가르치는 일은 교육을 통해 학생에게 특정 지식을 접합시키는 것
이었으며, 인구 관리와 분배, 자격에 관한 일반 이론이 교실 실천에 적
용된 것이었다. 최근 심리학적 지식을 접목한 분석의 척도(기준), 방법
(시험), 테크닉(통계)은 학습자는 물론이고 전체 인구의 분류를 위한 기
술적 레퍼토리를 제공했다. 교육정책의 역사를 쓴다는 것은 권력/지식
과 인간과학을 결합하는 것이다. 기록, 문서, 석차, 우리가 정신이라
부르는 몸의 일부에 직접 부여한 개별성에 관해 쓰는 것이다. 권력/지
식의 관계는 개별 학습자를 분류하여 기술할 수 있는 현상을 생산한
다. 개인의 생각은 "권력에 맞서는 것"이 아니라, "권력의 주된 효과
중의 하나이다"(Foucault, 1980a: 98). 학교는 자유적이고 소유적인 개인
주의에 근거한 학습자 개념을 발달시켰다. 이 개념은 "개인을 그/그녀

의 인격과 자질의 본질적 소유주로 가정한다"(Olssen, 1993: 163-164). 이후 심리학의 영향을 더 받게 되면서 학교교육은 개인과 개인차, 정상화와 병리화에 집착하였으며, 평가, 진단, 예측, 규범적 실천을 구체화했다. 여기에서는 근대적 개인의 출현을 정치적, 과학적 관심의 대상으로 간주한다.

인간과학과 [로즈(Rose, 1999)가 지칭한] *정신과학*(psy-sciences)의 발달은 동시에 일어났는데, 이는 미세한 변화의 조짐이 있었다. 즉, 기본적으로 학교교육은 반복적으로 습관과 태도를 익히는 것에서 능력을 개발하고 증명하는 것으로 변화했으며, "학습자"가 교육학의 주체로 등장했다. 이것은 학습자의 지능과 인지 발달이 인구나 시간의 변화와 독립적으로 분포되었다는 규범과 관련이 있었다. 19세기 후반에 심리학의 분과로 출현한 교육심리학은 "일반인들의 일상생활에 큰 영향을 미쳤으며, 교육대학에서 기술적, 사회적, 교육적 문제를 전문적으로 다룰 때 핵심이 되는 제도적 기반"(Olssen, 1993: 155)이었다.

"학교는 교육학(pedagogy)을 정교화하는 장소가 되었고 … '시험을 강조하는 학교(the examining school)'의 시대는 교육학이 과학으로 기능하기 시작했음을 의미했다"(Foucault, 1979: 187). 한편 인간과학은 근대 권력이 점점 더 미세한 채널을 통해 유통되도록 했다. 인간과학은 특별한 방식으로 지식과 테크놀로지를 통해서 그리고 특정 지식을 가능하게 하고 나아가 필수적인 것으로 만드는 학교나 교사 제도를 통해서 근대적 권력의 제도를 식민화했다. 다른 한편으로 인간과학은 은밀한 권력/지식 체제를 생산한 인식 방법과 권력의 행사 방식을 구조화했다. 이러한 지식과 테크놀로지는 오늘날 학교에서 발견할 수 있는데 이는 그것들이 효과가 있으며 계속해서 일반인들로부터 그 필요성을 확인받고 있다는 증거이다. 또한 그것들은 맥나우튼(2005: 30)이 말한 "공식적으로 인정한 아동의 발달상 진리"에 따라 아동기와 학생을 만들고 규범화하는 방식으로 담론과 실천에 넓고 복잡하게 배태되어 있다. 이러한 권력/지식의 관계는 다양한 제도적 상황에서 반복되었으며, 근대적 의미의 국가를 가능하게 했고, 인구 문제와 관련된 메커니즘, 즉 장치(기구[apparatus]를 형성하기 위한 "일련의 실천과 진리 체제의 연결"[Foucault, 2010a: 18])를 구성했다. "특히 정부는 행정 기구로서 효과적으로 기능하기 위해서 구체적이고 특별하며 측정 가능한 지식을 필요로 한다"(Dreyfus & Rabinow, 1983: 137). 국가는 어디서든 징발되고 일반화되며 전체화하는 테크닉과 관계의 집합이었으며, 그 모든 것들은 [국가의] 성가시고 "잔인한 효율성(brute efficacy)"(Deacon, 2006: 131)과 관련이 있다.

지금까지 살펴본 국가 교육의 출현과 개인의 몸을 "다양한 부분(multiplicities)"으로 분해하는 것에 대한 푸코의 분석은 상당히 친숙하고 통상적인 방법이었다. 이는 조절 테크닉보다는 규율 테크닉에 초점을 맞춘 단편적 논의였다. "출생률, 수명, 공중 보건, 주택, 이민"(Foucault, 1981: 140) 등 인간-종에 대한 생명정치와 반대되는 "노동의 규율 테크놀로지"에 논의가 집중되었다(Foucault, 2004a: 242). "인간 몸에 관한 해부정치"(p.243)와 "산아제한정책(natalist policy)"(p.243)은 논의에서 무시되었다. 학교는 개인의 몸이 인구와 만나고, 능력이 퇴보를 마주하며, 규범(norm)이 비정상성을 생산하는 장소들 가운데 하나이다. 규범은 "고전시대의 말에, 정상화가 권력의 가장 강력한 도구가 된"(Foucault, 1979: 184) 연결점이었다. 푸코에 따르면 규범은 "규율과 조절 사이를 순환하는 요소이고", "몸의 규율 질서와 생물학적 다양성 속에서 발생하는 우연적 사건을 모두 통제할 수 있는 것이다"(p.253). 그는 이러한 교차점을 "권력이 삶을 점유한" "규범화하는 사회"라고 불렀다(p.253).

푸코에 따르면 해부정치와 생명정치라는 양극단에는 "모든 권력관계들이 서로 연결되어 있었다"(Foucault, 1980a: 139). 이는 교사, 시험, 능력별 편성, 교육심리학자, 특수교육, 인종, 계급을 포함했다. 학교교육은 "개인의 몸과 인구에 대한 권력이 규율 테크놀로지와 조절화로 통합될 교차점 중의 하나이다"(Stoler, 1995: 83). 다음에서는 약간 다른 지점에서 논의를 다시 시작하고자 한다. 다음 절에서는 피(blood)의 계보학을 통해 규범, 국가, 권력, 인구를 살펴본다.

도시 교육과 피의 역사

앞에서 현재의 학교교육과 교육정책의 역사를 재고하는 것과 관련된 다양한 방식들을 소개했다. 분류, 배제, 정상화, 수정(치료/개선), 시간, 전문가, 지식의 역사가 그것이다. 보다 일반적으로 말하면 주체(교사, 학습자, "타자들")의 역사이자 실천(시험, 집단을 나누는 교육학)의 역사이며 담론(심리학, 유전, 비정상성)의 역사라고 할 수 있다. 여기에서는 계보학적 논의와 함께 또 다른 교육정책의 역사, 즉 피의 역사를 살펴보고자 한다. 이는 다양한 도시 문제와 그에 수반된 인구 문제 중에서 교육과 관련된 현재의 역사이자 '허구적' 역사이다(Foucault, 1992: 193). 또한 인종주의나 장애와 같이 교육정책의 역사 중심에서 "배제된 사람들", 즉 교육적 "타자"의 역사이며, 학교교육의 "핵심에서" 배제되고 주변화된 것의 역사이다(Foucault, 1979: 30). 이를 위해 푸코의 강의 중에서 『안전, 영토, 인구』(1977-1978)와 『사회를 보호해야 한다』(1976)를 검토할 것이다. 특히 『사회를 보호해야 한다』의 한 강의를 집중적으로 다룬다. 경우에 따라서는 푸코의 텍스트와 용어를 자세히 검토할 것이다. 예컨대 푸코가 사용한 "인종"이라는 용어를 살펴보면서, 치밀하고 충격적이며 복잡한 푸코의 주장을 가능한 명료하게 전달하고자 한다.

영국은 1841년 처음으로 도시 사회가 되었다. 그해의 인구 조사를 통해 시골보다 크든 작든 도시에 더 많은 사람이 산다는 것이 밝혀졌다. 인구 조사는 그 자체로 사회 문제를 확인하는 적절한 테크닉이었다. 빅토리아 시대의 도시는 경이로움과 불안, 사회적 기회, 사회 문제로 주목받았다. 런던, 맨체스터, 리버풀, 브리스틀 같은 도시는 제국의 중심이었으며 점점 다양하고 복잡해진 국제적 인구 흐름과 권력관계의 연결 지점이었다. 국가 수준은 물론이고 국제 수준에서의 다양한 이민들은 새로운 종류의 도시 인구를 구성했다. 이들 인구는 경제적 번영의 핵심이었지만 동시에 새로운 방식으로 통치될 필요가 있는 도덕적, 사회적 질서를 위협하는 낯설고 위험하며 문명화되지 않은 존재였다.

중앙 우체국에서 쉽게 걸어갈 정도의 거리에 있는 어두운 대륙, 즉 우리 문 앞 동네로의 여정을 펜과 연필로 기록하고자 한다. 이곳이 왕립지리학회의 관심을 받는 새롭게 탐험된 대륙처럼 흥미로운 곳으로 발견되길 바란다. 그곳에 거주하는 거친 인종들은 미개한 부족을 위한 기금 요청을 거절한 적이 결코 없으며, 선교사회로부터 쉽게 동정을 얻을 것이라고 믿는다(가난한 사람들의 생활 방식, Sims, 1883, 서문과 1장: 5).

급성장한 도시는 도덕, 가난, 사회 질서, 번영, 사회 개혁, 건강, 교육, 공중위생과 같은 문제를 안고 있었으며 열악한 상태의 도시 근교에 살던 빅토리아 사람들은 사회적, 도덕적 문제가 전염될 것에 대한 두려움과 염려가 컸다. 푸코의 지적처럼 "시장으로서의 도시는 반란의 장소였다. 도시는 질병이 발생하는 독기(miasmas)와 죽음의 장소였다"(2009: 63-64). 로버트 케이-셔틀워스(Robert Kay-Shuttleworth)[5]는 "반(半)야만적 대중의 이민으로 인해 발생한 도덕의 변화는 성관계와 같은 혼종된 그들의 습성에 대한 편견을 갖게 했다"라고 주장했다(Kay-Shuttleworth, 1862: 151-152). 1874년 하원에서 매콜리 경(Lord Macaulay)은 낮은 계급에 확산된 무지를 "나병과 같은 두려운 질병에 비교하면서 가난한 사람을 위한 교육을 국가가 책임져야 한다고 주장했다"(하원, 1847: 1008, Larsen, 2011: 55에서 인용). 라슨(Larsen)은 "가난은 부모를 통해 물려받는 도덕적 오염의 일종이고"(p.55), 비도덕적 습관들은 특히 도시의 아일랜드계 이민자와 관계된다고 생각했다. 이러한 생각은 "빅토리아 시대 중간 계급이 가난한 노동 계급 이민자에 대해 공포심을 가지고 걱정, 염려, 불안해하는 도덕적 위기 담론"을 구성하는 데 기여했다(p.53). 이에 대해 푸코는 "도시는 통치 테크닉과 관련하여 새롭고 특별한 경제적, 정치적 문제를 제기했다"(Foucault, 2009: 64). "[18세기 중반에] 출현한 매우 복잡한 안전 테크놀로지"(p.64)에 반응하여 학교는 안전 테크놀로지의 핵심 요소가 되었으며, 청결, 질서, 생산성과 관련된 문제를 해결할 특별한 장소로 간주되었다.

통치는 더 이상 단순히 영토를 지키고 통제하는 문제가 아니라 인구, 돈, 상품, 병과 같은 자원의 흐름과 생산성, 유순함의 생산을 관리하는 것으로 변화했다. 문제는 "영토를 고정하고 경계 짓는 데 있지 않다. 대신에 순환이 일어나도록 허용하고, 통제하며, 좋은 순환과 나쁜

---

5) [역주] 로버트 케이-셔틀워스(Robert Kay-Shuttleworth)는 의사로 빈민법 책임자였으며, 맨체스터 통계학회 창립 멤버였다. 왕실 교육자문단 총무(1839-1849)를 역임했으며, 새롭게 등장한 국가 행위자의 전형이었다.

순환을 구분하고, 모든 것이 끊임없이 한 지점에서 다른 지점으로 이동하도록 하는 등 늘 이동의 상태에 있도록 하는 것이 문제이다. 그러면서 순환에 내재된 위험은 제거해야 하는 것이다"(p.65). 푸코는 이를 영토(의 안정)에서 (인구의) 안전으로의 변화라고 말했다. 그는 이러한 변화를 살펴보기 위해 식량난, 도시 계획, 유행병의 관리에 주목했다. 특히 이들 영역에서 "사례, 위험, 경고, 위기"와 같은 "새로운 개념"과 관련된 통계학의 역할을 강조했다. 통계학은 처음으로 "정상" 분포 또는 "정상성의 분포"라는 표현을 가능하게 했다(Foucault 2009: 61). 이어 "통계학이 도시의 모든 현상과 연결된다"라고 말한다(p.63). 인구는 "자연적인 것과 자연적인 것에 근거하여 관리되는 과정의 집합으로 간주되며"(p.70), "관리와 통치의 기술적-정치적 대상"이 되었다. 푸코는 이 문제를 『생명관리정치의 탄생』(1978-1979년 강의)에서 다루었다. 생명정치는 경제적 진리를 그 중심에 두는 통치 이성(governmental reason) 체제를 말한다(2010a: 22). 학교는 도시 인구를 관리하기 위한 하나의 전술적 장소였다. 19세기 이래로 유럽의 여러 지역에서 교육정책의 역사는 곧 도시 교육의 역사였다.

푸코가 『말과 사물』에서 설명한 것처럼 근대적 에피스테메에서 "경험적인 것을 인식하는" 토대는-생물학적이고 유기체적인-자연성(naturalness)이었다(Foucault, 1970a: 250). 18세기 말에서 19세기에 걸쳐 생물학, 즉 생명과학은 언어학, 경제학(노동)과 함께 인간과학이라는 전혀 새로운 지식의 대상과 방법을 생산했던 세 가지 "거대한 숨은 힘"(p.251)의 하나였다. 생물학과 자연은 교육정책의 계보학과 교육적 현재의 역사에서 핵심이었다. *자연적인 것, 자연성*이 다른 방식으로 나타났다. 먼저, 인구는 복잡한 변수에 의존하며 인구 관리는 주권자-신민의 관계에서 벗어나는 것을 의미한다. 오히려 "인구를 통해 확인된 자연성은 변형의 행위자와 테크닉이 항상 접근할 수 있었는데, 다만 행위자와 테크닉이 계몽, 반성, 분석, 계산, 예측될 수 있다는 조건에서 가능했다"(Foucault, 2009: 71). 교사도 그러한 행위자 중의 하나였으며, 학교는 그러한 테크닉이 모인 곳이었다. 이미 말했듯 평가, 비교, 시험, 다양한 숫자는 이러한 테크닉에 배태되어 있었으며, 지배와 책임을 생산하는 테크닉으로 기능했다. 그뿐만 아니라 "계산 가능한 자아(calculating selves)"는 "계산의 중심"을 구성한다. 두 번째, 인구의 자연성은 욕망이나 자기 이익에 관한 것으로, 집합 또는 일반 이익의 산물인 "욕망의 자연성을 기반으로 하는 인구 관리의 아이디어"였다. 세 번째, [인구의] 자연성은 일정한 규칙성을 보이는 "행위" 패턴의 분포로서 인구를 발견한 것이다. "따라서 인구는 통계적으로 결정된 규범과 생활 표준을 적용하여 문제로 취급되었던 일련의 행동과 역량의 소유자로 출현했다"(Hunter, 1996: 154). 푸코는 19세기에 발달한 통치 테크닉과 합리성은 당시에 "전적으로 인구와 연결되었으며"(Foucault, 2009: 76), 이런 점에서 "일련의 안전-인구-통치의 메커니즘은 우리가 정치라 부르는 영역과 함께 분석되어야 한다"(p.76)라고 주장했다. 그에 따르면, 근대국가는 죽음이 아니라 삶 그 자체에 주목하는 생명관리를 통해 권력을 행사하고 통치한다. 바우만(Bauman)은 "자연은 인간의 의지와 이성에 종속된 어떤 것을 의미하게 되었다"(1991, p.39)라고 말한다. 『안전, 영토, 인구』의 4번째 강의에서 푸코는 이 새로운 형태의 통치를 "특이한 일반성(singular generality)"6)을 뜻하는 "통치성"이라 불렀으며, 이는 곧 국가의 "통치화(governmeantlisation)"를 의미했다

---

6) 네 번째 강의는 고든, 밀러 등(Gordon, Miller et al., 1991)이 편집한 책의 일부로 출판되었고, 이후 "통치성 연구"를 촉진했다. 통치성 연구는 푸코 연구에서 가장 널리 확산된 생산적 영역의 하나이다.

(2009: 109). 이어 통치성이 국가의 생존을 담보하고 국가의 한계를 정의한다고 주장했다.[7] 통치성은 근대 자유주의 국가의 개념적 산물이었으며, 권력의 다양한 모세혈관을 통해 인간의 몸과 사회적 행동에 작용하는 국가의 모든 전략, 테크닉, 절차였다.

이때 중요한 점은 생명 권력의 테크닉이 "단순히 규율 테크닉을 배제하지 않는다는 것이다. 왜냐하면 새로운 테크닉은 다른 수준과 차원에 존재하며, 적용 범위가 다르고 전혀 다른 도구를 사용하기 때문이다"(Foucault, 2004a: 242). 생명 권력은 "신체로서 인간(신체−유기체−규율−제도의 계열, p.250)"이 아니라 "살아 있는 존재로서 인간(인구−생물학적 과정−조절 메커니즘−국가의 계열, p.250)"과 관련되어 있다. 조절(생명 권력)과 규율(권력)은 서로 다른 수준에서 작동하며, 우리는 그것을 정책과 실천이라고 거칠게 부른다. 두 메커니즘은 많은 점에서 서로 긴밀하게 연결되어 있으며, "유기체적인 것(the organic)과 생물학적인 것(the biological) 사이에 자리한 모든 표면"을 포괄한다. 그러나 푸코는 결정적으로 "규율과 인구 사이를 똑같이 순환할 한 요소"(p.252)는 규범(norm)과 그와 관련된 온갖 것들이라고 보았다. 특히 "정상 분포는 개인이 동일한 개념적 공간에서 전체 인구와 비교될 수 있다는 통일성을 강하게 가정했다." 이는 "어떠한 개인도 벗어나는 것이 거의 불가능"한

---

7) 푸코는 네 번째 강의의 마지막 부분에, 근대 인간과학−생물학, 경제학, 언어학−의 출현에 관한 "말과 사물"의 주제로 돌아가 새로운 분석의 양식과 연결되는 내용을 덧붙였다. 그에 따르면, "권력의 테크닉과 그 대상 사이의 일정한 상호 작용은 점차 현실에서, 실재, 인구, 그 구체적 현상으로 나타났으며, 모든 대상은 가능한 지식의 형식으로 가시화되었다…"(1970b: 79). 특히, 인간의 지식 가능성이었다. 인간 주체는 이를 위한 19세기의 산물이다. "인간의 힘은 순전히 유한한 힘들−생명, 생산, 언어−에 대면하고, 그렇게 구성된 결과물이 인간(Man)의 한 모습이다"(Deleuze, 1995). 여기에 고고학과 계보학의 또 다른 교차점이 있다.

"진리 체제"였다(Olssen, 1993: 165). 규범과 도덕적이고 통계적인 적용은 측정과 판단이라는 "이중"의 과학적 기반을 제공했는데, 이는 개인을 다른 사람, 국가 이익, 자원으로서 인구 관리와 관련하여 범주화하고 비교할 수 있도록 하는 "인식 가능성의 격자(grid of intelligibility)"였다. 특히 이러한 통치 양식은 점점 *우생학*에 "내재한 위험"과 그것을 제거하는 데 관심을 기울이게 되었다(Selden, 1999). 인간 종으로서 인구는 도덕적, 경제적, 생물학적 의미에서 "적합"하게 될 필요가 있었다. "금세기 마지막 10년 동안 인구의 '적합성(fitness)'에 대한 염려의 결과 중 하나는 '제국의 인종'을 번식시켜 교육하고자 하는 열망이었다"(Donald, 1992: 27).

푸코는 "열등한 종이 사라질수록, 비정상적인 개인이 제거될수록, 종을 퇴화시키는 것이 줄어들수록, 개인으로서 그리고 종으로서 '나'는 더 살게 되고 더 강해지며 더 활발해지고 더 번식하게 될 것이다"(2004a: 265)라고 말한다. [인종주의는] 퇴보와 긴밀히 연관되어 있으며, *비정상성*과 동일한 담론적 기초 위에 있다. 국가는 이 모든 것 중에서 결정적으로 생명 권력에 대한 책임감을 느끼면서도 생명을 위해 "죽일 권리", 즉 죽음의 정치(thanatopolitics) 또한 갖는다. 간단히 말해 "근대인은 의심스러운 정치에 자신의 생존을 맡긴 동물이다"(Foucault, 1976[1988]: 143). 푸코는 이어서 "내 생각에 이 지점이 인종주의가 개입하는 곳이다"(Foucault, 2004a: 254)라고 말한다. 인종주의는 오랫동안 존재했지만 "다른 곳에서 기능했다." 인종주의는 새롭지 않지만, 푸코는 이것을 "새로운 인종주의"[8]라고 불렀다. "일단

---

8) 푸코에 따르면 "처음에 인종주의는 식민지화 또는 노예제와 제국주의와 같이 식민지화하는 인종학살(genocide)로 전개된다"(p.257). 푸코의 용어는 그가 최근에 사용하는 "신인종주의"와 다소 어긋나고 상충한다(예를 들어 Barker, 1981; Hylton, 2009).

국가가 생명 권력의 양식으로 기능하면, 국가의 살해 기능을 인종주의를 통해서만 정당화할 수 있다"(p.256). *푸코는 인종주의라는 용어를 매우 특별하고 특수한 의미로 사용했다.*

비정상성, 퇴화, 인종주의는 모두 '피(blood)'와 관련되어 있는데, 피는 개인의 유전적 구성이나 국가의 유전자 풀(pool)과 같은 사회적 몸의 건강으로 재현된다. 규율과 조절은 "질서의 인식론(epistemology of order [Shein, 2004: 9])"을 통해 개인과 인구를 각각 구별하고 분류한다. 푸코에 따르면 이러한 구별과 분류는 범주, 유형, "인종"에 따라 "생물학적 연속체"를 분할하는 것이다. 이는 인구 건강의 잠재적인 "적"을 확인하는 동시에 정상, 규범, 교차하는 규범들의 집합―사용 가능한 신체, 남성성, 이성애, 백인―을 만들어 낸다. "규범은 규율이 필요한 몸과 조절이 필요한 인구에 적용될 수 있다"(Foucault, 2004a). 사회통계학과 통계적 기법의 발달은 인구를 정상분포곡선에 따라 분포할 수 있게 하는 언어와 개념을 제공했다. 이를 통해 인구는 규범과 바람직한 특성들로 정의되고, 단순히 '규범화(normation)'되는 것이 아니라 '정상화(normalization)'된다(『The Bell Curve』 [Hernstein and Murray, 1994]).[9] 바로 이 지점에서 "인간의 동물화"와 홀로코스트가 역사적으로 등장했다(Dreyfus and Rabinow, 1983: 138).

앞서 지적한 바와 같이 푸코는 유전자 집단, 계급 또는 범주에 대한 "과학적" 식별을 보다 일반적으로 설명하기 위해 인종주의(racism)와 신인종주의(new racism)라는 용어를 사용했다. 이들 범주는 규범과의 관계에 따라 과학적, 정책적, 윤리적 실천과 조절의 대상인 종(種)

---

9) 1978년에, 푸코는 정상화(normalization)와 규범화(nomation)의 차이를 명확히 했다. 정상화는 전적으로 생명 권력에 관련된 속성을 말하는데, 다양한 정상 분포를 통해 규범을 확립하는 과정을 의미한다. 이에 비해 규범화는 미리 정해진 규범으로 주체를 순치시키는 규율 과정을 말한다.

을 분할했다. 이때 종 내부에서의 구분 또는 "균열(breaks)"에 주목할 필요가 있다. 푸코는 근대적 인종주의의 특수성이 이데올로기가 아니라 권력의 테크닉과 "관련"이 있다고 보았다. 여기서 "19세기 생물학의 이론과 권력 담론 사이"의 관련성을 확인할 수 있다(2004a: 256). 다윈이즘(Darwinism)은 "식민지화와의 관계, 전쟁의 필요성, 범죄성, 미친 병과 정신병 현상, 서로 다른 계급들로 구성된 사회의 역사 등에 대해 사고할 실질적 방법"을 제공한 "개념의 집합이나 묶음"(p.257)으로 중추적 역할을 담당했다. 생물학적 지식은 근대적 권력과 특별하고도 일반화된 상호 관계를 확립하였으며, 여기서는 이것을 교육정책과 관련하여 개괄하고자 한다.

푸코적 관점에서 "신인종주의"는 "권력의 통제 아래에 있는 삶의 영역의 균열: 반드시 살아야 하는 것과 반드시 죽어야 하는 것 사이의 균열"(Foucault, 2004a: 254)이고, 또한 우수한 것과 열등한 것의 균열이기도 하다. 그것은 모두의 이익을 위해 인구의 "적", 열등한 것과 퇴화한 것, 그리고 비정상인 것을 제거(또는 배제)하며, "생물학적 휴지기(biological caesura)"를 강조한다. 신인종주의는 "삶을 일반적으로 더욱 건강하고, 더욱 순수하게 만드는 어떤 것"이다(p.255). 이때 인구는 두 가지 방법에 따라 분류되었는데, 그 하나는 통계학을 이용하여 인구를 다양하게 "분석"하는 것이었고, 다른 하나는 유전학에 따라 인구를 도덕적으로 분류하는 것이었다. 19세기에 의학적 지식과 실천, 다윈이즘, 형벌 이론은 정신의학, 심리학, "유전 지식"[10]과 결합하여, [인구를] "비정상", "위험한" 개인이나 집단으로 구별하고, 격리하며, "규범화" 할 방법을 개발하기 시작했다. 결합된 새로운 지식들은 "비정상"의 개

---

10) 그는 '인구와 인종들(Populations and Races)'이라 가제목을 붙인 책을 쓸 생각이었다.

인이나 집단에 대처하는 "사회적 보호"의 형식을 제공했다. 여기에는 "생물학적 위험"의 제거와 "종의 강화"가 포함되었다. 사회적 보호의 책임은 국가와 국가 권력의 테크놀로지로 자리 잡았으며, "인종주의는 근대국가의 도구가 되었다"(Shein, 2004: 7). 푸코는 20세기에 이르러 "신"인종주의가 나치즘에 의해 표현형(phenotypical) 인종주의인 "민족적 인종주의"로 이어졌다고 주장했다. 바우만이 말한 것처럼 나치에 의한 인종 위생 정책은 극단적 합리성과 질서의 논리였다. 실제 1932년부터 인종 위생은 "독일의 의학 공동체에서 과학적 정설로 인정받았다"(1991: 41; Cornwell, 2004). 푸코는 나아가 인종주의가 "규범화 국가"의 새로운 테크놀로지와 관련하여 "죽일 권리를 행사할 조건을 제공하는 것"으로 중요했다고 보았다(Foucault, 2004a: 254). 이어 "인종 청소(제노사이드)"가 "근대 정치의 꿈"(Foucault, 1981: 137)이었으며, "독일의 정신의학이 너무나 자연스럽게 나치즘에 쓰였다는 것은 놀랍지 않다"(Foucault, 2004a: 317)라고 날카롭게 지적했다.

그렇다면 우리로 하여금 교육정책의 역사를 다시 쓰도록 하는 지점은 어디일까? 앞서 살펴본 바와 같이, 지능 과학에서 재현된 진리와 권력의 특별한 조합과 정치적, 경제적 필요성이라는 특별한 조건이 근대 교육의 역사적 조건을 구성했다. 이러한 조합과 조건은 현재 교육의 근간으로 남아 있다. 교육정책의 역사는 몸과 역사를 접합하고, 교육된/교육될 수 없는 몸과 그 정신(그 개인성)이 범주와 균열의 역사, 인종과 비정상성의 역사에 각인시킨 도덕과 과학의 결합이다. 특별히 계급, 인종, 성, 능력(모든 의미의)과 관련된 투쟁의 역사이며 가치 분화(지면의 제약으로 다루지는 않지만)의 역사이다. 이들의 역사는 오늘날 학교교육의 일상적 메커니즘과 사고 양식에 기입되어 있다. 학교는 "말할 것, 행동할 것, 지켜야 할 규칙, 타당한 이유, 계획된 것, 당연한 것이 만나고 서로 연결되는 장소"(Defert & Ewald, 2001: 102 – 103)의 하나이다. 학교와 교실에서 행해지는 서열, 구분, 배제는 작지만 "뚜렷한" *분류화*(classification)다. 분류화는 종의 파편화에 의해 그리고 파편화와 관련하여 표현되는데, 이는 "지능", 인종과 비정상성 사이의 점점 더 복잡하고 상호 의존적인 관계를 나타낸다. 이때 비정상성은 정상성과 지능의 심리학에 의해 – 가장 확실하게는 유전학을 통해 – 생산되고, 정당화되며, 관리된다. 우리는 이러한 역사를 통해 19세기 교육이 규율과 조절, 개인과 사회적 몸, 개인화와 전체화 사이의 교차점이 되는 아주 특별한 방식을 발견할 수 있다. 그 대부분은 오늘날 학교에 그대로 남아있다. 푸코적 관점에서 영국을 비롯한 여러 지역의 19세기 이후 교육정책의 역사는 인종과 인종주의의 역사였다. 이것은 전형적으로 정상과 피(유전/세습적인 것)의 역사, 또는 푸코가 "몸의 정치적 역사(the political history of the body)"라 부른 것이었다(Foucault, 2003: 214).11)

과학, 언어, 전문성, 제도, 법, 제도의 일상적 실천과 건강, 교육정책의 상호 관계는 19세기와 20세기 동안 취약한 신체를 대상으로 시행된 일련의 범주, 분리, 위기, 배제의 변화를 통해 구체화되었다(<표 2.1> 참조).

---

11) 여기에서는 생리혈의 역사(history of menstrual blood)로 불릴 수 있는 것에 대해서는 거의 다루지 않았다. 이에 대해서는 다이하우스(Dyhouse, 1983)를 참조할 수 있다.

<표 2.1> 비정상성과 관련된 균열, 분리, 배제의 예

연도	주요 내용
1845년	'정신이상자법' - 정신이상을 감독관이 관리하는 것. 학습 장애와 정신질환을 확실하게 구별하지 않음. "정신이상자(Lunatic)"는 미친 사람, 백치, 정신이 이상한 사람, 정신이 불안정한 사람 모두를 의미
1847년	'백치(idiots) 보호를 위한 구호' 런던에서 시행
1850년대 - 1860년대	영국은 '백치 보호를 위한 구호'를 위해 "백치"를 위한 대규모 자원봉사 보호소를 네 곳 설립하여 지원: 북쪽(로얄 앨버트), 동쪽(콜체스터), 서쪽(엑스터 근교 스타크로스), 중앙(스태퍼드셔) 보호소
1867년	모즐리(Maudsley), 『마음의 심리학과 병리학』 출판
1886년	'백치법' - 학습장애자에 대한 교육의 필요를 다룬 최초의 법. 정신병자와 "백치", "저능아"를 명확히 구분
1889년	『표준 이하의 지능과 간질병이 있는 아이들의 교육』에 대한 교육발달위원회 보고서
1890년	'정신이상법' - 1845년의 법과 마찬가지로 학습 장애와 정신질환의 구분이 여전히 모호
1907년	우생학 교육협회 결성: 케인즈, 베버리지, 티트무스, 스톱스가 주요 회원
1908년	정신박약의 보호와 통제를 위한 왕실 위원회
1908년	트레골드(Tredgold)가 『정신박약』(1판) 출판. 이후 50년에 걸쳐 간호 교육에서 핵심 참고 문헌이 되었음. 래드너 보고서(Radnor Report) 왕실 위원회 보고서가 1913년의 정신박약법에 영향을 미침
1913년	정신박약법에서 백치(idiot), 저능아(imbecile), 정신지체(feeble-minded), 도덕적 박약자(moral imbecile) 용어 사용. 이 법안으로 빈민 구제를 받아 온 사생아와 함께 사는 여성들이 제도화됨
1910년	덴디(Dendy), 『정신지체의 문제』 출판, 자발적 불임 캠페인, 우생학 운동 절정기
1932년	우생학협회의 압박으로 영국 보건부는 사회 계급에 따른 불균등한 재생산 문제를 다루기 위해(3장 참조) "정신지체자"에 대한 강제 불임 가능성을 연구할 정부위원회(The Brock Committee) 설치
1934년	브록 보고서(Brock Report)가 자발적 불임 추천
1934년	알바와 뮈르달, 『인구의 위기』 출판
1937년	버트(Cyril Burt), 『지진아』 출판, '퀸즈랜드(Queensland) 지진아법' 통과
1938년	'퀸즈랜드(Queensland) 정신위생법' 통과

1938년	펜로즈(Lionel Penrose)의 『콜체스터 보고서』 출판 - 1,280건의 정신장애 사례에 대한 치료적, 유전학적 연구
1954년 - 1957년	정신질환과 정신장애 관련법에 대한 왕실 위원회(Percy 경 주재). 지진아 부모들의 국가연합(National Association of Parent of Backward Children)이 왕실 위원회에서 증언
1955년	지진아의 교사 조합 설립. "저능의(Subnomal)" 그리고 "심한 저능의(severely subnomal)" 용어가 1959년 법에서 사용
1956년	티자드(Tizard)와 오코너(O'Connor), 『정신장애의 사회적 문제』 출판
1970년	(장애아동) 교육법이 통합교육을 규정(3장 참조)

여기에는 "장애인"의 "자연 거처(natural abode)"(Foucault, 2001b: 36)와 같은 17세기 "대감금"의 잔재와 근대 인구를 자원으로서의 가치 유무나 생산성 여부에 따라 관리하고 분류하는 것이 불편하게 섞여 있다. 또한 치료와 *잔여화*의 요소와 함께 "수감자"를 생산적으로 만드는 시도도 있다.

19세기 중반부터 사회, 보건, 교육정책은 인구 문제에 초점을 맞추었다. 이때 인구는 생산성과 양순함을 성취하기 위해 관리되는 국가 자원이었다. 이들은 이동, 이민, 퇴보와 같은 "제거해야 하는 적"에 의한 "위협"과 위험으로부터 관리, 감독된다(Foucault, 2004a: 256). [여기서 "적"은] 정치적 의미의 "적"을 말하는 것이 아니라, "인구에 대한 위협"을 의미했다. 암스트롱(Armstrong, 2003)은 이를 "내부에 있는 타자들의 위협"이라고 말했다. "근대" 인구의 생산과 관리는 생물학주의, 규범화, (다양한 의미의) 분배, 분류, 배제 그리고 학교교육의 제도적 전술들, 공중 보건, 의학, 형벌, 성 등 - "권력의 의례(儀禮)"와 "객체화의 의식(儀式)"의 특별한 장소 - 이 서로 영향을 미치면서 행해졌다. "비정상적"인 인간 주체는 정신의학, 심리학, 의학, 범죄학과 같은 인간과학과 경험과학 담론의 지식의 대상으로 되었으며, 이러한 정신과학을 배치하여 공포를 설명하고 관리했다.

　여기서는 특별히 인종주의와 삶과 죽음의 관리에 대한 푸코의 관심을 살펴본다. "비정상인(anomalies)"의 처형과 추방은 인구를 더욱 강하게 만들었다. "근대 인종주의의 특수성"은 권력의 테크닉이면서도 "주권 권력"과 "병치"하고 있다는 점이며, 이때 "피는 상징적 기능을 가졌다"(Foucault, 2004a: 147). 푸코는 중세 시대 나병 환자의 예를 통해 "배제의 실천"과 "주변화"를 설명했다. 그는 "우리는 여전히 배제, 자격 박탈, 추방, 거부, 차단, 거절, 몰이해의 메커니즘과 효과라는 관점에서 미친 사람, 범죄자, 비정상인, 아이들, 가난한 사람에 대해 권력이 행사되는 방식을 기술한다"라고 말한다(Foucault, 2003: 43-44). 분류와 배제 사이에는 이상하고 난해하지만 매우 실제적 상호 작용이 존재한다. 여기에는 양면성이 있는데, 여기서는 "근대성이 배제에 관한 것이 아니었고, 논리적으로도 그럴 수 없으며"(2003: 10) 그보다는 오히려 병합에 대한 것이라는 암스트롱(Amstrong)의 관점을 전적으로 수용했다. 그럼에도 불구하고 근대의 앞선 논리와 실천은 정상성의 경계나 그 너머에 있는 것으로 정의된 사람들을 내적으로 배제하고 주권을 박탈하는 것과 연관되어 있다. 푸코에 따르면 국가는 "다른 손으로 배제하는 것처럼 보이는 것을 한 손으로 되살린다. 모든 것을 지킨다"(1979: 301).

　정신과학 연구의 핵심은 전문화된 지식에 근거하여 열망과 그 한계를 관리하는 것이다. 정신과학은 경계와 균열을 만들어 개인에게 객체이자 주체로서 그 자신과 타자에 대해 책임지도록 한다. 벤야민(Benjamin, 2006: 31-32)의 지적처럼 분류와 배제의 테크놀로지와 지식은 성취의 테크놀로지와 관련하여 발달했으며, 학교교육의 경제는 국가 교육과 관련하여 발전했다.

확실히 보편적 학교교육의 제공은 교육으로부터 이득을 얻기 어려운 아이들 집단에 대해 다른 식으로 관심을 기울이게 했을 것이다. 1870년대까지 정신장애는 백치라는 범주만으로 충분했으나, 대중의 출현과 의무교육으로 인해 더욱 정교한 범주를 인지할 필요가 생겼다. 가장 가능성이 없는 노동 계급 아이들―그들의 실패는 학교의 원활한 작동을 저해하고 교사들의 성과급을 줄였다―을 배제하기 위한 수단이 필요했다. 이는 제도로부터 이익을 얻을 수 있거나 또는 없다고 여겨지는 아이들을 분리하기 위한 메커니즘의 도입을 통해 확인되었다. 새로운 용어들이 추가되어 널리 사용되었고, 초등교육으로부터 이익을 얻을 수 없지만 그렇다고 백치로 간주될 수 없는 아이들을 설명하게 되었다. "저능아", "정신박약아"와 같은 용어는 백치와 구별되지 않고 사용되었다(Pritchard, 1963). 이들 용어의 기능과 의미는 사람들을 범주화하는 방법을 고안하려는 주장이 진척되던 1870년대 후반에 바뀌기 시작했다. 1886년 제정된 백치법은 백치와 저능아들을 보호하고 통제했다. 법은 두 집단 사이의 만들어진 차이를 설명했고, 그들을 서로 차별할 수 있는 정교한 방법과 수단이 개발될 필요가 있다는 생각을 하게 했다.

특별한 지식의 형식이 이러한 관계와 정의의 공간에서 출현 가능했으며, 이러한 지식이 전문적 실천을 위한 개념적 하부 구조를 제공하고, 담론을 조작하며, "사소하고, 심술궂으며, 미세한"(Foucault, 1979: 226) 실천으로 실현되었다. 이처럼 "사회과학은 권력의 매트릭스에서 발전했다"(Dreyfus and Rabinow, 1983: 160). 사회 정책은 인구 관리의 재현이자 실행이며, 새로운 과학적 탐구의 영역으로 등장했다. 과학적 탐구는 권력이 그 대상은 가시적으로 만들면서도, 자신은 비가시성을 추구하는 단순한 반전에 기초한다. 여기서는 푸코가 "신인종주의"라 부른 것을 더욱 깊이 탐색하기 위해 규범과 "정상화하는 사회", 더 나아가 정신과학의 역할에 집중한다.

측정과 잔여화 그리고 유전과학

우생학과 통계학의 결합은 "모든 현상의 측정, 다양한 집단의 설명, 집합적 사실의 특징 묘사, 특정 인구 내 개인의 분포와 그들 간 차이의 계산을 가능"하게 했다(Foucault, 1979: 190). 둘의 결합은 역사적 성취로서 근대적 개인과 정상적 개인이라는 존재를 만들었다. 이는 "서로 교차하는 권력과 지식의 효과이자 대상"이었다(Dreyfus & Rabinow, 1983: 160). 또한 이는 효과적인 교육정책 역사의 주된 문제가 되어 왔다. (교육정책에서) "인간과학과 사회과학의 발전 가능성, 그리고 삶을 보호하는 일과 홀로코스트의 동시적 가능성이 모두 역사적으로 실재한다"(Dreyfus & Rabinow, 1983: 138에서 재인용). "히스테릭"하고 난잡한 젊은 여성을 강제로 불임시킬 수 있었으며(Shoen, 2005 참조), 건강하지 못한 아이는 죽게 내버려 두었다. 오스트리아에서는 1938년 퀸즈랜드 정신건강법, 1937년 지진아법이 국회에서 논란 끝에 통과되었다. 이 논쟁에는 "지방당(the Country Party)[12]의 회원이자 전임 리더였던 무어(Arthur Moore)도 참여했었다. 그는 '지진아'를 '종의 번식 차원에서 공동체에 대한 특별한 위협'으로 간주했으며, '불임화(不姙化)'를 정신적으로 비정상인 사람과 공동체를 위한 유일한 해결책으로 주장했다.[13]

---

12) [역주] 영국 휘그(Whig) 당의 전신이다.
13) http://www.probonoaustralia.com.au/news/2012/04/sterilisation-women-di

앞서 언급한 것처럼 특히 지능과 그 측정은 교사의 활동을 전문화하고 학년과 학급의 구분, 능력별 학급 편성, 수업 자료의 선택, 진도와 지식에 대한 차등 접근 등의 다양한 교육적 실천을 합리화하는 개념과 도구를 제공했다. 지능 검사는 적합한 교육, 그 경계와 고정적 위치를 결정했다. 여기서 교사의 업무는 개인의 필요와 능력, 개인적 차이를 넘어 별개로 유형화된 학생 집단을 적절한 교육학의 지식 체계에 적용하여 연결하는 것이었다. 이런 분포의 결과 비정상과 가르칠 수 없는 자, 한쪽에는 천재가 있고 다른 한쪽에는 저능아 또는 "정신지체아"가 있는 것과 같은 방식으로 "배제"가 자리 잡을 수 있게 되었다. 그들은 교육심리학의 특별한 "객관성 장르"인 검사에 의해 "발견"되었다(Burt, 1937). 검사(testing)와 학습자 명명은 개별성을 드러냄과 동시에 모호하게 했다. 학습자는 특정 범주나 속성들로 취급된다. "사물은 결국에 자신의 형태를 잃게 되는 속성, 기호, 암시로 인해 너무 부담스럽게 된다. 의미는 더 이상 즉각 인식되지 않고, 형상도 더 이상 스스로 말하지 않는다"(Foucault, 2001b: 16). 이 과도하게 부담스러운 재현은 정신과학이 작동하고, 전문가들이 말하는 공간과 언어를 창조한다. 시험과 "검사는 교사가 그들의 지식을 전달하면서 전체 지식의 장에서 그들의 아이들을 변형시킬 수 있도록 자격을 부여한다"(Foucault, 1979: 186). 스토바르트(Stobart, 2003)가 "그저 측정하기보다 창조해 내는 것이 시험의 능력"이라고 말한 것처럼 지능 검사는 그 "논리적" 결과로 규범을 만든다. 개인은 예측되게 되었고, "숫자 권력"의 대상이 되었다 (Rose, 1999: 214). 지능 검사는 "통계적 인류학"의 형식을 띤다. 그리고 지능 검사는 "너의 행위는 지적이다. 왜냐하면 너는 지적이기 때문

---

sabilityes — wa — draft — bill — "appalling".

이다"(Stobart, 2008: 34)라거나, 행위와 수행은 생물학적이고 유전적인 "근거"를 갖는다고 말한다. 지능은 유전되었고 불균등하게 배분되었으며 측정된 지능은 사회적 행위와 도덕적 합리성과 관련된다는 식으로 개인을 표현하려 한다. 교육 기회의 배분, 반사회적 행위 패턴에 대한 설명, 도덕적 가치, 낮은 지능을 지닌 사회 집단의 양육 관리를 "고정되고" 단일한 것으로 측정되는 지능과 연결해야 한다는 주장은 실천과 윤리적 측면 모두에서 그러한 관계를 공정한 것으로 만든다.14) 여기에서 다시금 관리의 경제학을 엿볼 수 있으며, 과학적, 도덕적, 경제적 영역, 권한 부여의 한계로서 "비정상인의 외부적 경계"(Foucault, 1979: 183)가 그려진다.

교육으로부터 이익을 얻을 수 있는 능력의 정도를 고려하지 않고 학생들에게 교육을 제공하는 것은 분명 어리석은 일이다. 만약 [연구 개발을 위한] 창의력과 실험법이 충분하다면 우리는 미리 그들의 능력을 측정할 검사들을 확보할 수 있을 것이다 (Thorndike, 1922: 7).

---

14) 여기에는 관찰과 추론, 분류와 측정, 고전과 근대를 모호하게 하는 다른 이중성이 존재한다. 다른 한편으로 여러 유형의 가시성이 있다. 버트(Burt) 등은 비정상성을 '보여 주고자' 이미지를 활용했으며, 아이들을 "묘사 가능하게" 만들었다. 집단 내 친화성과 유사성은 좌표와 표로 재현되었다. 심리학은 분류학과 함께, "비지각적인 것"(Foucault, 1970b: 268)에 근거한다. 근대적 자연에서 "사라지고" "심층을 드러낸다"(p.278) — " … 생명은 표로 이루어진 질서의 공간을 벗어나 다시 한 번 야생적으로 된다." — 그리고 길들도록 요구받았다. 1920년 터먼(Terman)은 "검사 방법을 사소함의 과학(science of trivialities)에서 인간공학의 과학으로 변형시켰다"(Samuelson, 1979: 107). 정신은 "권력을 기입하기 위한 표면"(Dreyfus & Rabinow, 1983: 149)이 되었다.

모든 정신박약자들은 잠재적 범죄자들이다. 모든 정신박약 여성들은 논쟁의 여지없이 잠재적 매춘부들이다. 도덕적 판단, 사회적 판단, 모든 종류의 고차적 사고 과정은 모두 지능의 기능이다(Terman, 1916: 11).

널리 보급된 핵심적인 일반 지능 요인은 검사와 통계에 의해 이미 발견된 것 이상의 특징을 보여 준다. 그것은 유전되는 것이나 적어도 타고난 것으로 간주된다. 지식, 성취, 흥미, 노력 그 무엇도 일반 지능 요인을 증가시키는 데 도움이 되지 않는다(Burt, 1937: 10−11).

1909년 베버리지(William Beveridge)는 일할 수 없는 남성들은 국가에 의해 지원을 받아야 하지만, "선거권뿐만 아니라 자유권과 양육권을 포함한 모든 시민권의 완벽하고도 영원한 상실을 전제해야 한다"라고 주장했다(Sewell [November 2009]에서 인용, "우생학은 복지국가에 얼마나 해로운가", The spectator).

다음에서는 교육심리학이나 특수교육과 같이 새로운 전문직과 전문적 실천을 가능하게 하고, 새로운 진리 영역을 창조하고 합법화하는 전문 지식−통계학−에 관한 지식 장의 경계와 구성의 관계를 다시 살펴볼 것이다. "인간 만들기(making up of people)"는 해킹(Hacking)이 제시한 다섯 가지의 상호 연관적 요소들−분류, 사람(측정의 대상), 제도, 지식, 전문가−로 구성된다(Hacking, 1995). "사회 복지 프로그램의 전문화는 생명 권력의 확산과 관련이 있다"(Dreyfus & Rabinow, 1983: 141). 지능, 검사, 통계는 함께 "결합"하여 현실을 양화하고 조작할 수 있게 재현하며, 통치 영역으로 다루는 실천을 한다. 개인성은 "인구"로 묘사되고 설명되는 집합과 범주로 (재)창조되는데, 이때 인구는 인간의 삶을 "증진"하거나 "금지"하기 위한 생명 권력의 대상을 의미한다. 통계는 잉여들(the residual)로부터 귀중하고 가치가 있으며 생산적인 것을 구분하는 분류를 생산한다.

"비정상인의 외부 경계"(Foucault, 1979: 183)를 넘어선 사람들은 학교교육을 "벗어났으며", "이성"적이지 못하고, 심지어 "인간성"을 벗어난 것으로 간주된다. 그들은 사회의 가장자리에 위치하며 주로 부정적 역할—악을 가두고, 의사소통을 금지하며, 시간을 유예하는(p.209) - 에 집중하는 폐쇄적인 "전체" 기관에서 지진아, 정신박약, 불구자, 지체부자유자로 분류된다. 이 모든 것들은 [다음의 사례처럼] 권력관계에서 어니스트(Ernest Williams)가 걸려드는 것을 통해 증명된다.

나는 매주 주일 학교에 가야 했고, 남자아이들은 여자아이들의 옆줄에서 이열종대로 행진했다. 어느 일요일, 여자아이 중 한 명이 "어니스트 윌리엄스가 내 속옷을 만졌어요"라고 소리쳤다. 나는 걷고 있었을 뿐 아무것도 하지 않았고 그녀와 우연히 부딪힌 것이 전부였다. 나는 즉각 보고되었고, 부정한 일을 한 사람이 되었다. 다음 날 아침 나는 모든 학생 앞에서 징계를 받았다. 나는 복도 앞으로 불려 나갔고, 여교장이 나에게 "너는 야생의 짐승보다 더 나쁘구나. 그렇지 않니?"라고 말했던 것을 기억한다. 나는 아무것도 하지 않았기에 화가 났고, 그것을 인정할 수 없었다. 나는 울면서 굴복하는 것이 더 현명했을 것이라고 생각했다. 하지만 권력자들이 내가 반항할 때 최고로 내릴 벌이 무엇인지 판단할 수 없었다. 그들은 나를 호되게 때렸다. 결국, 나는 한 남자가 "스스로 깨달을 때까지 혼자 있도록 해라"라고 말했던 것이 기억난다. 빵과 물을 가지고 양호실에 홀로 감금되었다(어니스트 윌리엄스, 1926년 11살. 스완지의 시각장애인을 위한 성 헬렌 학교)(Humphries & Gordon, 1992: 99).

시릴 버트(Cyril Burt)는 "획기적"이고 대중적인 영향력을 지녔던 저서 『지진아』(1937)에서 "단순 지진아(merely backward)"라는 용어를 사용하기 시작했다. 그는 "이것"을 정상 이하로 구별하고, "정신 결함"을 "멍청함"과 구분했다. 그는 "정신지체(retarded)", "다루기 힘든 아이(difficult pupil)", "지적으로 비정상"을 구분할 수 있게 되었다고 주장했다. 이는 옥살라(Oksala, 2007: 50)가 말한 "하위 종의 동물학"을 떠올리게 한다. 버트는 이러한 분류를 윤리적 입장과 연관시켰다. "모든 아이는 독립적 개인으로 간주되어야 한다. 심리학적 분류는 목적을 위한 수단에 지나지 않고, 확실한 과학적 진단이기보다는 실질적 지원을 위한 것이다"(p.14)라고 말한다. 여기서 "목적"이란 관리와 규율을 말한다. 여기서 우리는 보다 세부적인 의미에서 "19세기 기본 현상으로, 생물학이 국가의 통제 영역이 된 … 권력이 삶을 장악(power's hold over life)하게 된 것"이라는 푸코의 주장을 다시금 확인할 수 있다(2004a: 239).

유전적이든 발달상이든, 학교와 교실에서 일상적으로 행해지는 경계와 "분리" 그리고 표준은 심리학과 관련되어 있으며, 교육정책을 통해 실제적이고 담론적으로 반복된다. "통치의 기술(術, art)은 차이를 정의하고, 감시하며, 관리하는 것으로서 국가의 역할과 관련된 '통치성'을 요구한다. 이런 이유로, 20세기 들어서 집단과 집단 차이의 구성은 많은 통치 테크닉을 통해 구체화된 정체성을 생산했다"(Baker, 1998:

132). 정신과학은 담론적 구성물로서 새로운 범주와 분류 체계를 생산하고 유지했다. "지능", "능력", "과잉 행동", "정상 발달", "행동 장애"와 같은 개념은 제도 속에서 사람들을 일상적으로 서열화하는 기능을 담당했다.

버트(1937)는 결함이나 우둔함에 대한 다양한 "원인" 중에 사회적 조건과 빈곤의 역할을 무시하지 않는 신중한 태도를 보였다. 그리고 그것을 원인이 아니라 "조건"으로 다루었다. 오랜 논의 끝에 그는 "교육적으로 부진한 주된 원인이 심리적 요인이라는 데는 의문의 여지가 없다"라는 결론을 내렸다(p.571). 그리고 자신의 사례 연구에서, "대개의 경우 주된 원인은 일반 지능의 열등함, 짐작하건대 유전적인 것에 있다"(p.572)라고 말했다. 그는 "교정"을 위해 사회적으로 긴급하게 필요한 지원을 제시했는데, "가장 우선하여 취해야 하는 조치로 격리하는 것, 즉 교육적 저능아를 위한 분리된 교실이나 학교를 만드는 것이었다"(p.574). 이어서 분리된 아이들을 위한 전문적 역할, 실천, 조직, 건물, 후속 연구의 필요에 관한 전체적 인프라를 개괄했다. 그의 책은 교사들에게 비정상성을 확인하고 구분하며 기술하는 데 사용될 수 있으며, 이를 뒷받침하는 놀라울 만큼 무분별하고 애매한 단어와 "고민 없는 생각"을 제공했다. 그러나 버트는 "지식인"(p.126), "가정의 감정적이고 도덕적 조건"(p.129)에 관한 논의와 교육적 차이에 대한 문화적 원인을 주장함으로써 유전의 대물림에 대한 논의를 시작했다. 이를 근거로 교육사회학자들은 세대 간 전달이 생물학적이기보다는 문화적인 것으로 "결함 있는 아이(defective child)"를 대안적인 초개인적 요인으로 설명할 수 있었다. 나쁜 양육이라는 사회적 유전, 발달과 교육의 장으로서 가정에서 만들어진 실패와 열망의 부족, 다르지만 관계가 없지 않은 "우화(fabulation, 寓話)"로 설명했다. 가족, 양육 그리고 아동기는 새로운 영역으로 가시화되었다(3장 참조).

교육(의 가능성)과 한계라는 이중성은 19세기 후반과 20세기 초반 "정신박약"에 대한 유전론자의 문헌에서 확립되었다. 1889년 교육부 보고서 『표준 이하의 지능과 간질병이 있는 아이들의 교육』에 따르면 "3가지 넓은 범주들－백치, 저능아/정신박약 또는 지능이 표준 이하인 아이들/초등학교의 기본 교육과정을 따라갈 수 있는 아이들－을 구분하는 데 어려움이 없었다"(Hurt, 1988: 129). 『마음의 심리학과 병리학』(1867)의 저자인 모즐리(Maudsley)는 개인차가 "교육 환경에 기인하는 것이 아니라, 교육이나 환경을 통해 근절할 수 없는 본성의 기본적 차이"이며 위대한 "교육의 힘이라는 것은 전적으로 제한적이다. … 세상의 어떤 훈련도 무화과의 가시나 엉겅퀴로부터 포도를 수확하는 데 도움이 되지 못한다"라고 주장했다. 1913년부터 보편적 지원 형식의 학교 보건 서비스와 특수 학교가 확대되었으며, 지역에 따른 현격한 여건의 차이가 있음에도 불구하고, 이들은 경제적으로 불황일 때 가장 영향받기 쉬운 것들이었다. 1922년 초대 영국 보건부의 수석 의료 책임자이자 퀘이커 교도인 공중 보건의 뉴먼 경(George Newman)은 "교육위원회는 지출을 줄이기 위해 노력해야 한다"라고 말하면서, 특수교육에서 "교육을 통해 노동력이 될 수 없는 결함 있는 아이들에 대한 지출을 최대한 삭감"해야 한다고 주장하며, 왜 비생산적인 곳에 자원이 낭비되어야 하는가라는 의문을 제기했다.

19세기 후반부터 제2차 세계대전을 거치면서, 푸코가 '우화적 표현'이라고 말했던 유전학자들의 분석이 무섭게 횡행하였다. 이를 배경으로 퇴화한 "메타신체(metabody)"－가족(3장 참조)－와 "사회보호"에 대한 요구가 당시 보고서와 법안, 조사 연구에서 반복적으로 사용되었으며, "비정상적 개인"은 생물학적 진술에서 도덕적 진술로 바뀌었다. 모즐리(Maudsley, 1867)는 "조상이 그를 위해 만든 운명, 그가 운명에서 벗어나고자 시도할 수는 있지만, 그 누구도 빠져나갈 수 없는 그의 몸에 대한 폭정"이라고 썼다. 또한 래드너 보고서(Radnor Report, 1908)는 "해당 쟁점에 대한 실제 증거를 제공한 35명 가운데 25명이 '많은 경우 부모 또는 가까운 조상이 정신적 결함의 전력이 있다는 점에 가장 큰 의미를 부여했다"(Hurt, 1988: 137)라고 적었다. 그 보고서는 "특히 출산과 관련하여 정신적으로 결함이 있는 사람들이 부모가 되는 것을 예방하는 것이 인구에서 이와 같은 사람의 수를 줄이는 데 가장 도움이 된다"라고 결론을 내렸다. 실제로 보어전쟁에서 영국군의 불리한 전세는 국가의 인간 자본의 상태에 대한 도덕적 혼란을 야기했는데, 허트(Hurt, 1988: 136)는 당시 정신이 박약한 아동이 "이중의 위협"으로 간주되었다고 생각했다. 그들로부터 신체적, 도덕적으로 퇴보한 종족이 생겨났을 것이다"라고 말했다. 푸코는 이런 식의 추론에 대해 "공상적 인과론 수준의 도덕적 재무장"이라고 비판했다(2003: 315).

사회통계학, 지능과학, 다위니즘, 우생학은 터먼(Terman), 쏜다이크(Thorndike), 스피어만(Spearman), 버트(Burt), 최근의 아이젠크(Eysenk), 젠슨(Jenson), 헌스타인과 머레이(Hernstein & Murray)와 같은 연구자들의 "비극적이고 말도 안 되는 문헌들"(Foucault, 2003: 318)과 단단히 연결되어 있다. 그들은 영국, 프랑스, 오스트리아, 미국에서 교육심리학을 구성한 토대이며 영국교육심리학회지(British Journal of Educational Psychology)의 출범 배경이었다. 처음으로 돌아가 이러한 문헌들이 주장한 전체화, 분할, 배제의 이중성은 학교교육의 근간을 이루는 교육학적 실천과 질서―목록, 집단, "시간표", 학급 편성 등―에 배태되었다. 그뿐만 아니라 "불가능한 학습자"의 경계를 의미하는 일반교육과 "특수" 교육의 분리에도 남아 있다. 이러한 "균열"은 제도적 차원에서뿐만 아니라 사소한 일상에서 종의 "균열"로 일어난다. 푸코는 이러한 균열이 *측정된 것이든, 배제된 것이든 모두 피에 근거한다고* 생각했다. 또한 균열은 통치와 규율 그리고 조절을 위한 정확하고 인간적인 작동 기반이고, 과학적 진리와 측정, 교육적 및 사목적 돌봄에 깃들어 있는 권력의 한 형식이다. *여기에서 교육은 교육적 실천의 법률적 경계로서 학습자의 "인간성"보다는 인간성에 대한 법률적 한계로 정의되곤 한다.*

Chapter 03

근대교육과 분리의 역사: 성, 인종, 장애

푸코는 합리성의 발전 과정을 밝히는 것이 아니라, 합리성을 주장하는 복잡한 담론을 통해 통제와 권력에 대한 정보 양식이 정당화되고, 그것들이 다양한 제도적 지점에 체화되어 있는 방식을 발견하고자 한다(Olssen, 1993: 2).

이 장에서는 앞 장에서 다룬 계보학적 탐구를 계속해서 살펴보고자 한다. 이를 위해 최신 정보를 추가하고, 피(blood), 인종주의에 관련된 변화와 연속성을 추적하며, 교육정책에서 규율이나 조절 같은 푸코의 용어의 의미를 다시 활용할 것이다. 또한 규율과 조절 테크닉, "유기체적인 것과 생물학적인 것 그리고 신체와 인구" 사이의 "표면(surface)"에 걸쳐 있는 테크놀로지의 작동을 보다 심층적으로 탐구할 것이다 (Foucault, 2004a: 253). 즉, 나는 "균열"과 분류, 그에 수반되는 배제가 교육정책과 교실 내에서 신체와 인구에 적용되는 방식을 몇 가지 제시할 것이다. 이를 위해 여기에서는 네 가지 교육적 국면에 주목하고자 한다.

(1) 국가 전략 및 국가 수준 평가와 관련된 초등교육

(2) 제도적, 국제적인 경쟁과 관련된 학업 성취 기준(standards)

(3) "새로운 IQ주의(IQism)", 배제, 가족의 문화적 병리학, 본성, 인종주의

(4) 포함과 배제의 정치, 특수한 교육 요구들

이와 함께 로즈(Nikolas Rose)와 딘(Mitchell Dean)의 연구를 이용하여, 오늘날 학교교육에서 일어나고 있는 일반적인 배제를 논의하며 마무리할 것이다.

나는 테크놀로지, 문제화, 분류, 배제, "우리가 남겨진 것을 받아들이는 실천과 관련하여 고려하지 않은 사고방식(Foucault, 1988b: 154)"의 역사와 그 관계를 보여 주고자 한다. 이는 현재에 나타나고 있으며, 교육정책과 실천을 함께 구성하고 있다. 이때 "함께(coming together)"에 주목하는 것이 중요하다. 암스트롱(Armstrong, 2009: 441)은 사건은 본래적 특성과 궁극적 의미를 바탕으로 "단순하게 구성되는 것"이 아니라 "그와 반대로 … 복잡하게 얽혀 있다"라는 푸코의 주장을 인용한다. 이를 프라도(1995: 38)는 '보이지 않는 힘들이 뒤엉킨 결과'라고 말한다. 이 장에서는 이처럼 서로 얽혀 있고, 보이지 않는 것들을 탐구하고자 한다.

감춰진 목소리들: 추방된 사람과 나병 환자

4월 1일, 지역 교육청은 지금까지 "학교에서 교육하는 것이 적합하지 않다"라고 간주하여 온 심각한 장애가 있는 아이들의 교육을 담당하게 되었다. 역사상 처음으로 모든 아이가 예외 없이 교

육제도에 포함되었다. 국가 교육제도의 바탕을 이루었던 1870년 교육법 이후, 1970년 교육(장애아동)법은 근래의 획기적 사건이다 (Margaret Thatcher, 1970년 4월 브리스틀, www.margaretthatcher.org/document/102015).

1970년의 교육법은 배제를 끝내는 것으로 보일 수 있지만, 어떤 점에서는 정상성의 경계가 다시금 작동하는 것이라고 볼 수도 있다. 영국의 국가 교육제도는 1870년이 아니라 1970년에 만들어졌다. 우리는 왜 이것에 주목하지 않았을까?

푸코와 같이 우리가 외부의 관점, 즉 눈에 띄지 않고, 눈에 띄지 않게 되어 버린 개인들−범주화에 의해 그들 스스로를 말할 수 없는 이들, "특수" 또는 "비정상"인, 건강하지 않은 이들, "부적합한" 존재로 다루어진 이들−의 관점에서 교육정책을 연구한다면 어떻게 될까? 만약 우리가 그들이 권력과 마주하는 것에 대해 생각한다면, 그들의 숨겨진 역사에 관심을 기울인다면 어떤 일이 일어날까? 이러한 역사는 문학적, 분석적 표현으로 *시야에서 벗어남*(out of sight)(Humphries & Gordon, 1992)을 의미하는데, 이는 교육의 외부에 존재하는 비정상의 역사, 피의 역사, 정복되고 정복한 역사로서 배제의 역사이며, 배제의 "탄력성"과 "편재"의 역사이다(Slee, 2011: 150). 이것은 또한 "유형학의 망상"에 의해 낙인찍히고 분리된 비정상적 주체의 생산과 확산에 대한 역사이다(Armstrong, 2009: 442).

이러한 역사는 이미 많은 연구자−암스트롱(Armstrong), 앨런(Allan), 바톤(Barton), 허트(Hurt), 슬리(Slee), 톰린슨(Tomlinson), 비판적 인종이론과 후기 식민지 연구자 등−에 의해 다루어져 왔다. 따라서 여기에서는 동일한 연구를 반복하려는 것이 아니라, 그 연구들과 관련지어 교육

정책의 연구를 재배치하고자 한다. 가능하다면, 우리는 특수교육[1] 전문
가들의 영역인 특수교육, 통합교육정책, 인종과 교육을 살펴보고자 한
다. 이제껏 "우리"의 연구에서 특수교육은 기껏해야 "다른" 불평등과
억압을 드러내기 위해 끼워 넣는 것(comma-izations)으로 다루어져 왔
다(Troyna, 1994). 여기에는 "타자"를 바라보는 주류의 관점이 희미하게
드러난다. 특수교육은 보통교육이나 "정규 학교교육(Slee, 2011)"과 관
련하여 형성되고 공식화되었다. "특별한" 관심을 받는 주체들은 그들만
을 위한 교육과정과 학회, 학술지가 있는 "주류"의 학술 연구, 조사에
따라 정의된다. 주류의 연구와 조사는 "특별한" 관심을 받는 주체들의
비정상성과 상대적 비가시성에 초점을 맞춘다. 또한 그들은 법안과 백
서의 추가 조항 또는 종결 조항에 은밀히 제시되고, "대중" 매체보다
특수한 웹사이트에서 논의되며, "내부로부터 버림받은 자들"로서 학교
의 "뒤편"에 숨겨진다(Bourdieu & Champagne, 1999: 422). 또는 재고의
여지가 있고 부차적이며 특수한 사례들로서 어린이위탁조합(PRU)에서
축출된다. 그래함과 슬리(Graham & Slee, 2008)는 "포함한다고 해서 반
드시 통합되는 것은 아니다"라고 말한다. 평범하지 않은 사람들(the
irrregular)은 교육정책의 주된 부분은 아니지만, 그럼에도 정의되고 실
증되며 구체화된다.

우리는 서로 밀접하게 연관되고 겹쳐지는 분류나 피의 계보학 또는
푸코가 말한 "배제의 형식"과 그에 수반되는 "자격 박탈, 추방, 거부,
몰수, 거절, 몰이해 … 부정적 개념들의 전반적 축적"(2003: 43-44)을
탐구함으로써 교육정책을 다른 식으로 연구할 것이다. 이러한 연구가
"긍정적"인 "개입과 변환"의 테크닉과 접합되어 있음에도 불구하고 그

---

1) [역주] 여기에서 특수교육은 장애인을 위한 교육만이 아니라 성, 인종, 계급
   등 주변화된 이들을 위한 교육을 포함한다.

러한 일은 부분적으로 일어난다. 비정상에 대한 지식의 확산과 그러한 지식의 "심리학적－도덕적 관점"(p.295)은 "특정한 권력의 작용"이며, 이는 오늘날 교육적 "비정상성"을 이해하는 근간이다.

푸코에게 "비판은 [자신을 준거로] 어떤 것들이 올바르지 않다고 말하는 일이 아니다. 그것은 우리가 잔여적인 것을 받아들이는 실천과 관련된 가정들, 친숙하면서 도전받지 않고 잘 고려되지 않는 사고방식들을 지적하는 일"이다(1988b: 154－155). 이것은 19세기와 20세기를 거쳐 21세기까지 이어져 온 교육적 "우화(fabulations)"와 서로 연관된 집단이 출현하고 융합되는 것을 추적함으로써 내가 밝히고자 하는 것이다. "우화"와 그들의 결합은 나병 환자, 추방자, "위험한 자들", "결함이 있는 자들"에 국한되지 않는다. 그것은 교육학 전반에 걸쳐 일반화된 일련의 개념과 실천 그리고 분류를 제공하는 인종과 특수교육의 장들까지 확장된다. 슬리(Slee, 2011)가 "포함의 역설"이라고 말한 분류와 분리의 법안들은 규율과 관련된 교육적 실천 그리고 조절과 관련된 학교 인구 관리의 기본이다.

역사적으로 영국 교육의 구조는 학습자들의 분리, 평가, 범주화에 기초한 체제, 구조, 절차, 교육과정을 기반으로 한다. 이러한 분리는 지역, 계급, 성, 인종, 확인된 능력과 장애, 학업 성취와 학습자들에 대한 가정과 관련된 공식적, 비공식적 측정으로 발생했다(Armstrong, 2009, p.443).

현재의 역사

앞 장에서는 근대 교육정책 담론의 한계를 검토하는 동시에 교육정책의 역사가 일종의 허구라는 점을 밝히고자 했다. 이것은 헤이든 화이트(H. White)(1978: 233)가 말한 것처럼 "지나간 것들에 대한 망각(disremembrance of things past)"을 향해 가는 것이다. 이는 "현재란 무엇인가?"라는 물음을 가능하게 한다. 정책을 통해 교육을 만들고 개혁하면서 우리가 배치하였거나, 우리를 배치한 사고방식을 의심하고 설명할 수 있는가? 푸코는 우리의 시간과 삶이 특정한 '역사적' 과정의 시작이나 끝에 있는 것이 아니라, 다른 어떤 시기와 비슷하면서도 다르다고 주장한다. 나는 "전환점"이나 "진보"는 존재하지 않는다는 것, 불연속적이라는 것, 합리성의 새로운 양식들이 출현하지 않았다는 것에 주목하고 싶다. 그리고 특정한 *분리*(division)의 연속성을 강조하고자 한다. 푸코는 『감시와 처벌』에서 "모든 개인을 예속시키기 위한 정상과 비정상의 끊임없는 분리"가 현재의 한계를 분명하게 드러내는 특정한 지점이라고 보았다.

> … 이분법에 따른 낙인과 나병 환자의 추방을 전혀 다른 대상들에게 적용함으로써; 비정상을 측정, 감독, 검사하기 위한 기술과 제도들의 존재는 전염의 두려움을 유발하는 규율 메커니즘을 작동하게 한다. 심지어 오늘날에도 모든 권력의 메커니즘은 비정상적 개인을 낙인찍고, 변화시키고자 한다. 이 비정상적 개인은 서로 거리가 있어 보이는 추방자와 나병 환자와 같은 두 유형의 사람들로 구성된다(Foucault, 1979: 198).

이것이 바로 이 장에서 탐구하고자 하는 추방자, 나병 환자, 인종, 사회 계급 그리고 장애의 현재이다. 정확히 말하면, 나는 "지난날의 매끄러운 망"이 어떻게 서서히 그리고 거침없이 우리를 현재로 이끌었는지 이야기하는 것이 아니라, 오히려 "근대"적 합리성의 양식에 배태된 것을 드러내고자 한다. 앞 장에서 기술된 과거는 이해되지 않거나 비합리적인 것이 아니다. 그것은 현재 우리는 누구인가에 대한 것이며, 또한 근대성의 과거와 현재의 양식에 관한 것이다. 드레퓌스와 라비노우가 설명한 것처럼 때로 "계보학은 … 다른 사람들이 진보와 진지함을 발견했던 곳에서 재출현과 작용을 발견한다"(1983: 106). 진보는 교란될 필요가 있다. 푸코에 따르면 계보학적 지식은 "단절", "분리"를 위한 것이지, 이해를 위한 것이 아니다(1991a: 90). 대신에 "거부"의 가치, 상상의 활용, 아이러니의 전유에 기반한다. 로스(Roth, 1981)는 "푸코는 과거를 밝힘으로써, 현재를 그 이후 역사의 작용으로 오게 될 미래와 단절시킨다. 미래는 *끊임없이 되짚어야 하는 과거*가 더 이상 필요하지 않으며, 오직 '심오한 시간의 흐름에 흩어질' 것이다"(p.44, 강조 추가함)라고 지적한다. 달리 표현하면, 핵심은 현재 우리의 역사를 의미 있는 것으로 만드는 것이 아니라 그것을 받아들일 수 없게 하는 것이다. 이것은 진리를 폭력적으로 강요하는 우리를 둘러싼 역사에 대해 의문을 제기하는 것이다. 계보학자들은 "이상적 미래로 나아가기 위해, 과거의 이상으로부터 벗어나거나 과거의 실패를 애도하는 것이 아니라 현재의 위험을 지적하고자 역사를 활용한다"(Shapiro, 1992: 11). 어떤 식으로든 다른 미래는 진보 내부보다는 그 바깥에서 더 잘 드러날 것이다(Allan, 2003 참조).

지면의 제한 때문에 이 문제를 충분히 다룰 수 없지만, 내가 다루고자 하는 것은 극적인 것이든 평범한 것이든 "현재(in the present)"

일어나는 "낙인"과 "수정" 형식들의 흔적, 재출현, 순환, 되풀이에 초점을 맞추는 것이다. 그리고 "잊혀진 사람들"의 역사와 "주변적 기억들" 또는 에인스카우와 부스(Ainscow & Booth)(1999)가 "감춰진 목소리"라고 말한 것에 관심을 기울일 것이다.

오염된 피에서 문화 병리학과 메타신체로

효과적인 역사는 주체들의 문화적, 시간적 맥락뿐만 아니라 문화적, 시간적 장소성을 결코 잊거나 모호하게 하지 않는다. 그리고 객관적으로 역사를 다룰 수 있다거나 중립적일 수 있다는 생각을 터무니없는 것으로 여기며 거부한다(Prado, 1995: 41).

이것이 나의 출발점이자, 내가 나의 자전적 역사를 인식하게 된 지점이다. 나는 교육사회학자이다. 나는 복잡하게 얽힌 역사 안에 자리하면서 역사를 다시 쓰고자 한 역사의 일부이다. 이미 언급했지만, 역사를 다시 쓰면서, 나 자신의 역사도 다시 쓰고 있다. 푸코는 이론적 작업을 수행할 때마다 "그것은 나 자신의 경험에 기초했다. 그것은 내 주변에서 일어나는 것을 본 과정과 늘 관련되었다. 내가 내 *자서전의 일부*인 특별한 연구를 수행했던 것은 … 내가 본 것, 내가 다룬 기관들, 그리고 다른 사람, 균열, 미세한 충격, 오작동과의 관계를 인식할 수 있다고 생각했기 때문이다"(Simons, 1995, p.8에서 인용). 사회학자, 교사(pedagogue), 철학자, 정책분석가로서 우리의 지식과 실천은 인구 관리를 위한 실천과 사회적, 인종적 분리의 구성, 유지와 역사적으로 연관되었고, 앞으로도 계속 연루될 것이다. 교육사회학은 인구와 정책이 만나는 지점에서 존재한다.

1932년 우생학협회(Eugenics Society)의 압력으로 영국 보건부는 사회 계급에 따른 불균등한 재생산 문제와 "정신박약자"의 강제 불임 가능성 유무를 다루기 위해 브록위원회(The Brock Committee)를 설치했다. 당시에 우생학은 페이비언주의와 런던 정경대학의 교수들로부터 타당한 것으로 널리 받아들여졌다. 우생학적 관점은 웰스(H. G. Wells), 케인즈(J. M. Keynes), 줄리언 헉슬리(Jullian Huxley), 윌리엄 베버리지(William Beveridge)와 같은 "존경받을 만한" 사상가들에 의해 지지받았다. 그중 후자의 세 명은 우생학협회의 자문위원회에도 참여했다. 케인즈는 죽기 직전인 1946년까지도 "당시 사회학에서 가장 중요하고, 의미 있으며, 가장 진실한 분과"로서 우생학을 지지했다(Keynes, 1946, p.39). 이러한 우생학에 대한 광범위한 인정은 다른 프로젝트와 마찬가지로 "사회주의도 생명 권력의 주제에 대해 어떤 비판도 하지 않았다"라는 푸코의 주장을 통해서 확실히 이해될 수 있다.

그러나 랜슬롯 호그벤(Lancelot Hogben)과 같이 우생학의 로비에 계속해서 반대한 사람도 있었다. 호그벤은 런던 정경대학의 "최초이자 마지막이며 유일한" 사회생물학 교수(1930-1937)였다. 그는 루이스 허먼(Louis Herrman)과 함께 인간 유전자, 인구 증가, 출산율 차이, 일란성, 이란성 쌍둥이의 지능 검사 반응과 같은 문제에 관한 양적 연구를 수행했다. 그가 재직한 정경대학은 인구 조사의 중심이 되었다. 호그벤은 확실한 우생학 반대론자였다. 그는 『정치적 산술』(1938)을 출판했는데, 그것은 1930년대 인구 감소, 사회 계급별 출생률 차이, 적합한 정책적 대응에 관한 논쟁을 둘러싼 우생학자들의 공포에 대한 하나의 응답이었다. 이 논쟁을 주도한 한 세력은 『부모기의 황혼』(The Twilight of Parenthood)을 쓴 정경대학의 교수 이니드 찰스(Enid Charles)와 그의 부인 그리고 정경대학의 어떤 강사였다. 찰스의 책은

1936년에 『인구감소의 위협』(Charles, 1936)이라는 제목으로 다시 출판되었다. 이들 논쟁에는 구별되는 두 입장이 있었다. 우생학자들은 "잘못된" 시민들이 재생산되고 있음에도 "올바른" 시민들이 강제 불임을 요구하지 않는다는 것에 관심이 있었다. 이에 비해 호그벤 등은 의무교육 연한을 늘리고, 보편적 중등 교육제도를 도입하며, 전후 "능력의 낭비" 담론에 대비함으로써 인구를 더 잘 이용할 수 있을 것이라고 주장했다. 두 입장 모두는 확실히 인구 문제를 *관리되는 자원*으로 간주하였다. 이글스턴(Eggleston, 1976, p.127)은 다음과 같이 정리했다: "사회학자들의 연구를 통해 확인된 교육의 사회적 분배는 교육 기회의 사회적 불평등으로 다시 구체화되었다." 그리고 "이러한 증거는 특별히 중등학교 재조직화의 지지자들에 의해 강력하게 이용되었다."

인구 관리를 "국가 복지"와 관련된 정치적, 과학적 문제로 다룬 두 입장이 있었다. 이들은 규율과 조절을 둘러싸고 경쟁했다. 한 입장은 국가의 "피"와 재생산적 실천의 규제를 위해 생명 권력의 작동이 필요하다고 믿으며, 국가 권력의 사용을 "생명"에 있어 본질적인 것으로 보았다. 이와 다른 입장은 사회적 신체에서 개인의 행동에 주목하는 사회 복지의 더욱 세세한 규율을 강조하였다. 이들은 "인구를 주된 타겟으로 하는 주권－규율－통치의 삼각관계(Foucault, 1996)"에서 강조하는 것이 서로 달랐다. 우생학주의자들은 인구를 위험하게 하고 쇠약하게 하는 특성이나 행동의 재생산에 책임이 있는 일부 인구의 신체에 직접적으로 작용될 수 있는 주권/조절 권력의 형식을 강조했다. 이와 반대로 "사회학자들"은 교육제도와 전문 지식, 교사의 실천, 가난한 가족들의 삶에 대한 복지 개입을 통해 작동되는 규율/통치 권력의 형식에 주목했다.

1934년 브록위원회는 "자발적 불임" 프로그램을 지지하고 이를 권고

했다. 이러한 권고는 "1930년대 중반에 제기되었는데, 나치의 강제적 불임이 보인 잔인함 때문에 재빨리 잊혀졌다"(King & Hansen, 1999: 83). 하지만 2장에서 지적한 바와 같이, 불임 프로그램은 스웨덴, 오스트리아, 미국의 일부를 포함한 여러 나라에서 법제화되었다(Spektorowski & Mizrachi, 2004 참조).

전후 사회 재건 과정에서 영국의 지배적인 입장은 우생학보다는 개입주의/복지주의/규율적 접근이었다. 그리고 교육은 근대 복지국가의 한 축을 차지했다. *그러나 이러한 재건을 이끈 사고방식은 우생학과 의미상 크게 다르지 않았으며, 다양한 우생학적 사고방식은 교육정책과 실천에 깊이 배어 있었다.* 즉, 정상성과 차이, 문화의 형식, 가족 내 삶의 방식과 관계에 대한 유전적 설명의 흔적들이 사회학자들에 의해 교육적 성패를 이해하는 새로운 방식으로 구체화되었다. 가족은 사회적 합리성과 병리학의 새로운 공간이 되었다. *사회화하는 가족*은 연구 대상이 되었고, 점점 늘어나는 통제와 개입의 대상이 되었으며, *양육*이라는 새로운 문제 상황과 지식의 대상을 중심으로 조직되었다(Vincent, 2012 참조).

퇴화(degeneracy)의 새로운 반복은 머스그레이브(Musgrave, 1970)가 단순히 말했던 "좋은 가정"과 직접적으로 대조되는 병리적 가족이나 비정상적 가족에 주목하게 하였다. 병리에는 두 가지 핵심 요소가 생겼는데, 그 하나는 규율의 실패이고, 다른 하나는 열망의 실패였다. 가족의 실패는, 버츠(Burt, 1937)가 "불리함의 순환"(제2장)에서 개관한 것처럼, 사회적 유전의 형식으로 "대물림"되었다. 전후 영국의 제1세대 사회학자였던 진 플라우드(Jean Floud)는 교육적 풍토를 갖춘 가정과 태도와 행동이 학교의 목적과 요구에 잘 들어맞는 가족을 언급하기 위해 "*가정의 교육유전자*(la famille educogene)"라는 용어를 차용했다. 여

기서 피는 문화로 재접합되었는데 이는 유전론의 다른 버전이었다. 학교 진학과 성취도의 패턴이 통계적으로 관련되어 있는 것처럼 태도 조사나 성취 욕구(N-Ach) 점수에서 도출된 측정 결과와 도덕성이 상호 관련성이 있는 것으로 주장되었다. 새로운 사회학적 규범은 심리학적 규범을 넘어서고 맞서기도 했지만, 함께 접합되기도 했다. 모리스 크래프트(Maurice Craft)는 이러한 격자의 선을 다음과 같이 정리했다.

학업 성취에 대한 "가정 배경"의 영향은 교육 연구, 정부 보고서, 언론 논평에서 친숙한 주제이다. 이들 자료의 집합은 가정 배경이 의미하는 바를 더욱 정확하게 알 수 있게 하고, 아이들 학업 성취와의 매우 복잡한 관계를 이해하게 한다(Craft, 1970, 편집자 서문).

이 새로운 분야에서 "거대하고 환상적인 가족이라는 신체"(Foucault, 2006b: 270-271), "메타신체"는 다른 방식으로 인과성을 가진다. 이는 19세기에 출현한 가족 관계의 새로운 형태와 관련하여 일어났다. 새로운 가족 관계는 "아버지-어머니-자녀 관계의 공고화, 강화"(2003: 327)와 자녀에 대한 부모와 가족 의무의 전환에 근거했다(2003, p.327). "가족 그 자체를 감시하기 위해서라기보다 가족은 더 큰 집단(인구)의 감시를 위한 적용 지점이자 도구가 되었다"(Baker, 1998, p.131). 이런 식으로 이민, 주택, 범죄, 문맹, 사회 무질서 같은 사회 문제들이 피와 "인종"의 문제 같은 생물학적 문제로 변형되었다. 국가는 새롭게 창안된 제도와 프로그램, 국가 전문직의 업무, 사회적인 것에 대한 새로운 "지식"과 "과학"의 적용을 통해서 이러한 문제에 대한 관리 책임을 졌다. 사회적 유전론과 인구 관리의 필요는 2011년 영국에서 발생한 폭동에 대한 반응에서 매우 분명하게 나타났다.

2011년 8월 10일 수요일. 영국 수상 데이비드 캐머런(David Cameron)은 "책임감의 완전한 결여, 적절한 양육, 훈육, 윤리, 도덕의 부족"을 언급하며 시위자들을 맹렬히 비난했다. "연합정부의 수상으로서 나는 앞으로 수 주 동안 우리의 무너진 사회를 개선하기 위해 학교, 복지, 가족, 양육, 중독, 공동체, 문화적, 법적, 관료적 문제 등 우리 사회의 모든 분야를 검토할 것임을 오늘 공표한다. 문제는 빈곤이 아니라 범죄를 찬양하는 문화이다. 너무나 많은 경우, 아이들의 부모는 (그들이 여전히 아이 주변에 있으면서도) 아이들이 어디에서 누구와 함께 있는지에 신경 쓰지 않는다. 그들을 내버려 둔다."

실제로, 정책과 사회학의 관계나 유전적 주제는 19세기 내내 지속되었으며, 그것은 1970년대(그리고 1990년대에 다시 등장)에 "박탈의 순환(cycle of deprivation)"이라는 개념으로 이어졌다. 이 개념은 1970년대 보수적 신자유주의 정치인이자 작가인 키스 조셉(Keith Joseph)의 관심과 지지를 받았다.[2)]

특히, 저소득 가정에 대한 조셉의 관심은 특별한 것이었고, 문제 가족의 개념과 밀접하게 관련되어 있었다. 가난과 박탈로 인한 행동 문제가 기본적으로 집이 지저분하고 양육이 적절하지 못

---

2) [역주] 키스 조셉(Keith Joseph, 1918–1994). 영국의 보수적 정치인으로 대처리즘(Thatcherism)의 구축에 중추적 역할을 담당했다. 대처 정부에서 교육부장관(1981–1986)을 역임했다.

하기 때문이라는 그의 설명은 1940－1970년대 공중 보건 의사
들, 사회 사업가들, 자원봉사 단체들에게 큰 영향을 미쳤다. 예를
들어 1966년 조셉은 수입 부족이 아니라, 복지 서비스 활용이나
돈 관리의 어려움이 가난의 원인이라 여겨지는 문제 가족을 빈곤
의 범주에 포함시켰다. 유명한 1974년 10월 에지바스톤
(Edgbaston) 연설을 통해 보건대, 조셉의 순환 가설은 19세기 말에
서 20세기 말까지 지난 120년 동안 반복되는 하위 계급 고정 관
념의 오랜 역사에 똑똑히 자리하고 있으며, 그러한 가난에 관한
생각이 확고하게 지속되고 있다(Welshman, 출판 연도 미상: 5).3)

경제사회조사위원회(ESRC, Economic and Social Research Council)
는 사회학자, 사회 정책 전문가와 재무부의 연계를 확대하고자 회
의를 개최했다. 회의는 키스 조셉 경의 주제 강연에 이어, 1970년
대 사회과학연구센터(SSRC, The Social Science Research Center)와
보건안전부(DHCC, Department of Health and Social Security)가 주도
한 (물려받은 박탈에 관한) 연구를 "박탈의 순환"과 관련된 새로운 증
거에 비추어 재검토하는 것이었다. 조셉은 가난하고 성취가 낮으며
이를 대물림하는 집단이 생활 수준의 향상과 공존하는 상황에 흥미
를 보였다(Lee and Hills, 1998: iii).

제2차 세계대전 이후 사회학은 교육정책을 위한 다양한 사고방식을
확립했다. 완전하게는 아니었지만, 피를 교육정책과 조절과 직접 관련
짓고 규율, 문화, 양육, "메타신체"에 의해 매개된 보다 간접적인 관계

---

3) [역주] Welshman의 동일 제목의 논문이 2008년에 Children & Society(22,
75－85)에 게재되었다.

를 강조했다.

　비슷하게 유전자로부터 문화로의 변화는 피가 부분적으로 자리를 바꾼 것으로 이는 푸코가 "민족적 인종주의(ethnic racism)"라고 부른 현대적 형태와 분명히 관련이 있다. 바커(Barker)는 『신인종주의』 (1981)에서 인종차별주의자들의 전통적인 신념이었던 생물학적이고 유전적인 사고가 퇴조하고, 대신에 문화주의적 방식으로 변화된 까닭을 설명하였다. 그는 인종차별주의자들의 신념이 피부 색깔보다는 생활 방식을 이유로 특정 "인종"을 열등한 집단으로 정의하는가 하면, 강제로 이주당하거나 추방된 난민을 국가에 부적절한 존재로 규정했다고 쓰고 있다.

　그럼에도 불구하고 우생학은 지능과 지능 검사를 통해 다양한 방식으로 "작동하며", 정책, 제도적 실천과 교수 활동, 교수 언어와 개념 전반에 걸쳐 확실히 자리 잡았다. 1944년 영국의 교육법에 따라 이원 또는 삼원 체제로 분리된 중등교육은 지능 검사를 포함한 능력 측정의 원칙에 근거하였다. 중등교육을 세 부분으로 분리할 것을 권고한 노우드 보고서(Norwood Report, 1943)[4]는 우생학적 사고에 근거하고 있었는데, 이 보고서에서는 서로 다른 세 가지 "정신 유형"을 가진 아이들을 세 "집단으로 구분하는 일"을 교육제도가 "포기했다"라고 주장했다. 그리고 이는 우생학적 사고가 정책으로 전환되는 "균열"이었다. 이러한 퇴행(esconcement)은 치티(Chitty, 2009), 길본과 유델(Gillborn and

---

4) [역주] 1943년 영국에서 발표된 중등학교 교육과정과 시험(Curriculum and Examinations in Secondary Schools: Report of the Committee of the Secondary School Examinations Council Appointed by the President of the Board of Education in 1941)으로 당시 옥스퍼드 세인트존 칼리지의 학장이었던 노우드(Cyril Norwood)가 버틀러(R. A. Butler) 교육부장관의 위원회 의장으로 임명된 후 발표한 151페이지 분량의 보고서이다.

Youdell, 2000), 로우(Lowe, 1998), 화이트(White, 2006)에 의해 잘 지적
된 바 있다. 그들은 모두 우생학이 현대 교육의 근간을 이루는 사고방
식으로 이어지고 있다고 주장한다. 로우는 "적합한" 학습 경험과 다른
"능력 수준"과의 연관을 밝히기 위해 검사를 활용하는 현대적 망상에
서 우생학주의의 분명한 흐름을 발견한다. 길본과 유델(2000: 212)은
"정부의 핵심에서 개별 교실에 이르기까지 오늘날 교육을 지배하고 있
는 '능력'관은 유전론의 승리를 나타낸다"라고 주장한다. 화이트(2006:
141)는 지금의 다중지능에 관한 관심은 "지능이란 타고난다는 믿음과
주지주의자들의 성향에 대한 믿음"에 근거한 "전통적인 지능관"과 핵
심 요소에서 동일하다고 주장한다. 그리고 이러한 사고방식은 인종,
성, 교육정책과의 관계에서도 명백하다.

사회적으로 인종과 성에 따라 지능이 다르다는 논쟁은 사회적 다윈
니즘이 등장한 150년 전부터 지금까지 여전히 대중들의 상상을 사로
잡고 있는 것처럼 보인다. 미국에서 출판된 『벨 커브』로 인해 최근 영
국 언론은 흑인을 열등한 존재로 보도하였다. 이와 비슷하게 시험 결
과 여학생들이 남학생보다 시험 성적이 좋을 것이라는 연구 보고서가
많은 언론의 주목을 받았는데, 언론은 성별 유전적 능력의 차이에 관
한 논쟁을 반복했다. 20세기 말에도, 인종과 성에 따라 선천적, 유전
적, 과학적으로 증명 가능한 차이가 존재한다는 아이디어는 여전히 우
리 사고의 중심에 자리하고 있다(Mirza, 1998: 109).

계급, 인종, 장애, 피는 언제나 권력과 관련하여, 다른 형식, 맥락,
겉모습 속에서 끊임없이 재출현하는 교육정책과 실천 내에 뒤엉켜 있
다. 버나드 코드(Bernard Coard)는 『서부 인디언 아이들은 영국 교육제

도에 의해 어떻게 교육적 저능아가 되는가』(1971)에서 매우 직접적인
예를 제시하고 있다.

흑인 아이들은 영국 학교제도를 경험한 결과 두 가지 근본적인
신념 태도를 얻는다. 자신에 대한 부정적 이미지와 그로 인해 생
활에서 자신에 대해 낮은 기대를 하는 것이다. 이는 능력별 학급
편성, 교과별 반 편성, 성적이 표준에 미달한 학교(ESN School)로
의 강제 버스 통학, 인종차별적 뉴스 매체, 백인 중간 계급의 교육
과정을 통해서 얻어진다(Coard, 1971: 31).

교육제도는 특히 아프리카계 카리브해 출신 남학생들을 *낙인찍고*,
구분하며, *추방하는* 일을 계속한다(Graham, 2011 참조). 또한 교육제도
는 『벨 커브』의 *방식*을 재현하며, "선천적" 위험 집단으로 흑인 남학
생들을 구성하고, 그것에 대한 반응으로 야기된 두려움을 분명히 한다.

흑인 소년들은 "위험한 악당"이나 "위험한 종족"으로 그려진
다. 이는 백인과 달리 흑인의 폭력이나 교육적 실패의 원인을 미
국에서는 거의 알려지지 않은 [흑인들의] 정신에서 찾도록 하는
것을 의미한다. 이를 통해 인종적 차이가 선천적(또는 아마도 문화
적)이며 흑인 "아이들에게 내재된 것"으로 보이도록 한다(Tilton,
2000, p.143).

퍼거슨(Ferguson)은 『나쁜 소년들: 공립학교와 흑인 남성성 만들기』
(2000)에서 흑인 아이들, 특히 흑인 소년들은 전혀 "아이처럼" 보이지
않으며, 그것이 전혀 "부자연스럽지" 않다고 주장한다.

현대 교육에서 교육 연구, 사회 정책, 학교에서의 실천과 교사의 열망, 도덕성과 "지능"은 사회 계급, 인종, 장애와 단단히 "얽혀" 있다. 피와 문화는 융합되었고, 정상 가족은 점점 더 직접적으로 중간 계급의 패러다임과 연계되고 있다. 그리고 "가치 있는" 도덕적 속성과도 연관되었다. 1930년대처럼 재생산을 둘러싼 도덕적 공황은 사회에 대한 "위협"과 "내부의 적" 그리고 사회적, 도덕적 질서의 붕괴라는 유령을 둘러싸고 주기적으로 발생했다. 학업 성취도의 차이는 열망의 결핍, 부모 통제의 결여, "선천적" 불평등으로 "설명되었다." 이런 식으로 인구 문제와 관리 그리고 인구의 생산성은 21세기 내내 교육정책의 주된 주제 ― "산업 사회에서 재능의 동원(Floud, 1970, p.31)", "국제적 경쟁력", "국가의 미래와 경제 발전"(교육부, 2010, p.3)까지 ― 로 다뤄졌다. 다양한 테크닉과 실천들이 19세기에 출현했으며, 이들은 지속적으로 대중 논의, 연구, 평범한 교실에서의 의사 결정을 조직하고 살피며 고무한다. 여기에는 이중의 연속성이 존재한다. 새로운 "사고방식"으로서 사회학은 오래된 "사고방식"인 우생학과 함께 불편하지만, 생산적인 관계를 맺고 있었다. 신·구의 사고방식은 형식과 기능에 있어서 큰 차이가 없었다. 이러한 연속성은 인종의 정치, 사회 계급, 교육, 포용의 정치와 관련한 수행성 측정의 새로운 반복이라는 모습으로 현재에도 작동하고 있다. 다음 절에서 이 문제를 간략히 살펴볼 것이다.

당신은 누구이고 어떤 사람이 될 수 있는가?

정책과 연구는 지식의 대상과 개입의 주체를 구성한다. 이는 공공 정책 담론과 제도적 실천을 통해 우리는 누구이고, 누가 될 수 있는지에 관한 가능성을 결정한다. 여기에서는 정책, 실천, 규제, 규율이 상호 교차하고 주체가 생산되는 네 가지 "감금 연속체(carceral continuum)"
와 그 요점을 간략히 살펴본다. 이들은 검토할 필요가 있는 지점들이지
만 우리가 다루는 문제의 전부는 아니다.

서열표로의 선회: 국가 전략 및 국가시험과 관련된 초등교육

클로딘 라우쉬(Claudine Rausch)가 그녀의 박사 논문(2012)에서 묘
사하고 있는 1886년 런던의 학교 기숙사 건물과 "초등학교" 1학년 학
급에서, 21세기의 사회적으로 다양한 도시 학교로 시간을 '빨리 감기'
해 보자. 학급은 "능력에 따라" 표로 조직되고, 표에서 아이들은 원,
삼각형, 사각형, 육각형으로 이름 붙여진다. 이 복잡한 모양새는 아이
들과 그 아이들의 정신이 복잡하다는 것을 나타낸다. 교사는 자신의
학급을 다음과 같이 설명한다.

> 그리고 제가 맡은 [반의], 최하위 그룹에는 세 명밖에 없어요.
> 올해 중간 그룹은 사실 그다음 두 그룹이죠. 최상위 그룹은 두 개
> 있는데 왜냐하면 실력이 매우 좋은 학급이라 그래요. 그래서 상
> 위 12명 학생은 늘 더 높은 수준의 과제를 해요. 다른 학급과는
> 대조적으로요. 예를 들면, 작년에도 상위 그룹 중 최상위 그룹에
> 는 딱 6명이 있었고요. 그보다 낮은 중위권에는 두 그룹, 그보다
> 낮은 하위권 그룹도 두 개였어요.

라우쉬는 '지난 세기의 심리학(Hill, 2005: 88)'에 따른 '고정된' 능력
개념의 잔재가 새로운 밀레니엄에도 학생들을 조직하고 설명하며 가
르치는 방식으로 작동하고 있다고 주장한다(p.21). 학급의 구조 안에는
고정되고 변화하는 미세하게 차별화된 요소들로 넘친다. 학급은 "능

력"과 습득 "속도"가 서로 다른 학생들을 "분리될 수 있는 부분 (Foucault, 1979, p.163)"에 따라 세포처럼 배치한다. 학급과 교사의 일은 능력을 생물학적으로 구분하고 그 "차이"에 따라 구조화하는 것이며 교실 활동은 학생들의 학습 속도와 타고난 인지적 특성을 고려해 계획되었다. 국가 학업 성취도의 "수준별"로 제시된 지식 습득 속도 규준에서 벗어날 경우 학생들은 "쇄신과 보완"이 필요한 계획된 개입의 대상이 된다. 이러한 분리와 개입은 "권력이 개인들 낱낱에 미치는 (Foucault, 1980a: 39)" 지점이다. 미세하고 무한하며 사소한 "차이들"은 인구의 사회 구조와 관련된 학급 내 신체들의 조직과 같이 더욱 일반적인 형태로 나타난다. 즉, 노동 계급 학생들은 성취도가 낮은 "하단"에 지나치게 많이 분포된 반면, 공부를 잘하는 "상단"에 카리브해계 흑인들은 없다. 푸코가 "신인종주의"라고 부른 일상적 테크닉에 따라, 교실은 "유형들"로 나뉘며, 이러한 유형은 등수로 서열화되고, 위계적 테이블, 척도, 목록으로 구분된다(Foucault, 1970b, p.71). 교사는 서열표의 "능력"과 그에 따른 적절한 수준의 과제와의 관계를 설명하는데, 라우쉬는 이를 다음과 같이 정리한다.

나는 사소하지만 "능력에 따른 세 집단 배정"이라는 말에 약간 흥미를 느꼈다. 이것은 이러한 과정을 통해 아동과 그들의 "능력"이 *만들어졌다는* 것을 암시한다. 능력에 따라 세 집단으로 배정하는 과정은 국가 보고서에 정의된 "활동"이나 "목표"로부터 시작하며, 아울러 이전에는 이질적이었던 아이들을 능력에 따라 세 수준의 동질적인 집단으로 구분하는 것을 의미한다. 유동성의 고정(a liquid solidifying)이나 "집단 배정"에 대한 생각은 아이들로 하여금 자신들이 학교교육 상황에서 본인의 "능력"과 그에 따른 위치에

고정되거나 배정되는 것으로 보이도록 한다(Rausch, 2012: 25).5)

우리는 교실에서 "신체의 내부에 도달하는 일정한 질서와 규율, 규칙성(Foucault, 2006b, p.4)", *교육적 시선*의 작동과 중립성, 대상에 접근할 가능성을 발견할 수 있다. 다시 말해, "일정한 질서 관계와 시간, 공간, 개인의 배분"에 기초한 타당성과 객관성의 관계를 가능하게 하는 유효한 조건을 확인할 수 있다(Foucault, 2006b, p.4). 여기서 "진리의 눈"은 매우 실제적이고 일상적인 "객체화된 주체"의 생산 방식과 연결되어 있다. 학습자들은 수업 목표를 위해 조직되고 능력 패러다임과 능력의 "정상" 분포에 근거하여 자신을 바라보도록 장려된다. 이것은 성적표에서 자신이 어디에 위치하는지를 봄으로써 아주 확실하게 드러난다. 고고학과 계보학의 교차는 이들을 더욱 새롭게 보도록 한다. 교실은 학습자에 대한 일종의 "자연사"이다. 학습자들은 린네의 분류학처럼 유전적 "차이"에 따라 서로 구분된 본질적 "특징"에 의해 가시화되고, 분류되며, 정의된다. 생물학적인 자연적 질서에 따라 표가 만들어진다. "일단 변인들의 체계-특징-가 처음으로 정의되면, 그것을 수정하는 일은 불가능하다"(p.142). 특징과 차이들은 *고전적* 관찰과 *근대적* 시험의 파괴적 결합에 의해 가시화되었다.

이처럼 "일반" 교실에서, 교육학은 "지식과 권력을 더욱더 넓은 영역으로 확장하고, 점점 다양해지는 비정상들을 정의하고 구분하는 일을 담당하는 일종의 테크놀로지이다"(Dreyfus & Rabinow, 1983, p.198). 이러한 지식의 적용은 비정상을 교정하고 개조하기 위한 발명품, 개별화 프로그램, "임상치료사", 다양한 종류의 구체화된 학습 보조의 활용을 이끌어 낸다(Bernstein, 1990). 그럼에도 일부 아이들은 여전히 교정

---

5) [역주] 실제 쪽수는 pp.147-148이다.

이 가능한 "정상"의 범주 밖에 존재하며, 그들은 종교적, 법적, 의학적 주체로 새롭게 정의되고, 내부 또는 외부에서 추방된다(Rausch, 2012).

학업 성취도: 제도적 과정 및 국제적 경쟁력과 관련된 학업 성취도

다음으로 우리는 다른 종류의 새로운 21세기 교실 상황과 연구물의 일부를 간단히 살펴본다. 네 곳의 "일반" 중등학교 교실(Ball et al., 2012 참조)은 19세기와 크게 다르지 않은 방식으로 "정책의 시선"에 따라 엄격하게 설계된다. 학교를 시장 관계에 따라 관리하고, 성취에 따라 재정을 배분한다. 그리고 학업 성취도를 높이는 데 지나치게 "초점"을 맞춘다.

영국의 신노동당과 현 연합정부는 국제 경제 경쟁력을 위해 필요한 교육제도의 건전성을 가늠할 척도로 학업 성취도를 강조했다. 학교는 "인구-부의 문제"에 대한 책임을 졌다(Foucault, 2009, p.365). 실제로 학교는 "살아 있는 존재의 일반 체제(p.366)"로서 인구-재생산과 섹슈얼리티(Ringrose, 2011), 규모와 형태(Evens, Rich et al., 2008), 건강과 복지-에 대한 과도한 책임을 지게 되었다. 지금의 학교는 그 어느 때보다도 통치 이성과 규제의 수단으로 기능한다. 학교는 교육의 "정치경제"와 철저하게 연루되어 있으며, 일종의 "자연사"와 가시성 그리고 등수와 같은 순위표에 나타난 성취도의 신호와 요구에 반응해 왔다. 학업 성취도 지표는 부모의 선택과 정부가 정한 기준을 고려하여 설정되었다. 이것이 바로 교육개혁의 *장치*(dispositif)이다.

이 나라에서 행해진 많은 교육 논쟁은 시대에 뒤진 것이다. 학업 성취가 떨어졌는가? 시험이 쉬워졌는가? 이런 논쟁들은 계속되겠지만, 정작 중요한 것은 우리의 국제적 경쟁자들과 어떻게

106

비교되는가이다. 그것이 우리의 경제성장과 미래를 정의할 것이다. 진실은 다른 나라가 앞서 나가는 동안 우리는 여전히 멈춰 있다는 것이다. 가장 최근 이루어진 2006년 OECD의 PISA 조사에서 과학은 2000년 세계 4위에서 14위로, 읽기는 7위에서 17위로, 수학은 8위에서 24위로 떨어졌다(2010년 교육부 서문).

과거는 이 인용문에서 언급하지 않았으나, 미래는 여기서 발전된 분석에 따라 "계속해서 탈환해야 하는 과거"(Shapiro, 1992, p.11)로 정의된다. (예로 든 것처럼) 국가, 학교, 교사, 개별 학생들은 측정 가능성의 매트릭스 속에 포획된다. 그것은 "통치하는 지식(Ozga, 2008)"이라는 수(數)의 체제이다. 이 체제는 "감시를 가능하게 하는 자원"(p.264)이며, 국가, 학교, 학생을 "읽을 수 있도록"(p.268) 만들어 질과 효율성의 향상을 이끌어 낸다. 여기서 시선, 목표, 생산성은 19세기에 개발되고 일반화된 통치의 일반적 방법으로 견고하게 엮여 있다. 이들 "숫자들"은 PISA와 같은 방식으로 전유된다. PISA에서는 '특수한 요구'를 가진 학생들은 효과적으로 배제된다. 그뿐만 아니라 숫자는 국가적 평가 체계, 학교 성취도 순위표, 시험 결과의 비교, 생산량과 형평성 지표 등에서 활용된다(Rinne, Kallo et al., 2004). 이들은 국가가 모든 수준과 영역에서 교육제도를 감시, 조정, 개혁하는 방법으로 더욱 중요한 의미가 있다. 즉, "통계 테크놀로지는 통치의 장으로서 실재를 다루는 능력을 창조한다"(Hunter, 1996: 154). 이를 로즈는 다음과 같이 말한다.

민주주의에 관한 논의에서 수에 관심을 기울이는 것은 중요하다. 왜냐하면 숫자는 우리의 시선을 위대한 철학 교과서로부터 교육, 계산, 정보, 투표와 같은 일상적 실천과 그들을 지원하는 "회색 과학"의 평범한 지식으로 돌리도록 돕기 때문이다(Rose, 1999, p.232).

교사들에게 숫자 체제의 압력은 "새로운 실재의 영역 전체"(Foucault, 2009, p.75)와 그들이 행위해야만 하는 "적절한 공간"(p.75)을 정의한다. 과정으로서 학교교육은 투입-산출로 계산된다. 교사들은 학생들의 성적을 감독하고 개선하기 위해 엄청나게 열심히 일한다. 하지만 이러한 행위가 예전과 다른 한 가지 효과는 학생 인구를 효과적으로 "분리하고, 배분하며, 고정하는" 것이다(p.69). 이러한 일은 "항상 개인을 보다 정교하게 추정하기 위해"(p.46) 변화하는 범주와 용어를 적용함으로써 이루어진다. 이제 학교는 [학생들에게] "초점/집중(focus)"을 맞추고, 비교하며, 확인할 목적으로 제작된 소프트웨어를 구입할 수 있다. 예를 들어, '퓨필 어셋(Pupil Asset)'과 같은 프로그램([그림 3.1] 참조6))은 학생들의 성취를 신속하고 간단하며 확실하게 "추적"하고, "목표" 대비 "실제"를 도표화하며, "장점"과 "부가가치를 계산할 수 있게 한다.7)

학생 인구는 학교의 자원으로서뿐만 아니라, 간접적으로는 국가 자원으로 평가되고, "가치가 부여되며" 투자된다. 다시 말해, 그것은 학생의 쓸모(worth), 가치(value) 그리고 가치들(values)의 경제이자 도덕 경제이다.

---

6) [역주] 퓨필 어셋(Pupil Asset) 프로그램은 https://www.pupilasset.com에서 구매가 가능하며, [그림 3.1]은 최근 홈페이지의 모습이다.
7) [역주] 부가 가치식 평가는 평가 점수의 서열화에 있어 원점수 간 단순 비교의 방식이 아닌 과거와 현재의 점수 비교를 통해 성적의 향상 정도를 평가에 반영하는 것이다. 영국은 초, 중등 학생을 대상으로 한 국가 수준 평가 결과를 통해 각 학교의 서열을 공개하는데 여기에 부가 가치식 평가(Key Stage 1에서의 평가 점수와 Key Stage 2에서의 평가 점수의 비교)가 사용된다.

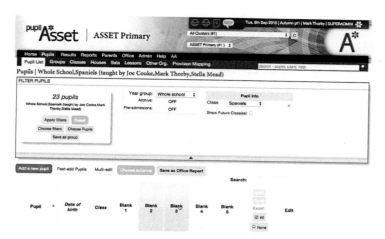

<그림 3.1> Pupil Asset 소프트웨어

··· 여러분이 보고 있는 것이 바로 우리의 평가입니다. 학생들은 보간법을 통해 소수점 둘째 자리로 변환된 핵심 단계 2의 결과로 나타납니다. 그들의 7학년 목표는 최상위 14% 수준일 것입니다. A−B−C가 아니라 백분율을 사용한다면, 14% 향상은 수행하기에 적정한 선처럼 보입니다(Martin, 조지 엘리엇 학교, 수학 교사).

··· 학생들이 어떻게 향상되는지를 아주 자세하게 감독합니다. 데이터 분석을 상당히 강조합니다. 2단계를 지나 3단계로 나아가지 못하는 학생들이 집중적으로 개입할 대상입니다(Nicola, 앳우드 학교, 영어).

인터뷰에서는 "초점"이라는 말이 반복적으로 사용되었다. 그 단어는 모든 단계의 학업 성취도에 대한 학교와 교직원의 지향을 나타내는 것이었다(Ball, Maguire et al., 2011).[8] 앳우드 학교(Atwood School)의 교감인 캐롤라인(Caroline)은 성적 향상에 대한 인터뷰에서 "초점"이라는 단어를 32번 사용했다.

> … 네가 알고 있듯이, 3년 동안 2단계 상승, 그래서 올해 2/3 단계가 되는 것에 실제로 강력히 초점을 맞추는 것, 그 후 그것을 부모님께 보고하는 것.
> … 교사들이 초점을 맞출 학생을 인식하도록 교사들에게 데이터가 교통 신호등처럼 작동하게 만든다(아래 "선별" 참조).
> 모든 분야에서 그렇게 했을 때, 그것은 진짜 좋은 일이며 그것은 단순히 초점을 잡기보다, 즉 그저 "좋아, 우리는 계속해서 학습을 위한 평가에 초점을 맞출 거야. 학습을 위한 평가는 정말로 중요하다"라고 말하는 것보다 훨씬 좋을 것입니다.

"초점"이라는 단어는 흥미롭다. 초점은 렌즈 활용, 세밀한 관찰, 관심 지점과 같은 아이디어를 제안하고, 사물을 가시화한다. 또한 정확하고 조직적이며 효과적인 행동을 제안한다. 그리고 다양한 주체와 대상에서도 이용된다. 교사, 학생, 학교, 교육학, 절차, 수행, 데이터, 계획안과 같은 모든 대상과 주체가 성취도를 높이는 것에 "초점"을 맞추고 있었다(Perryman, Ball et al., 2011). "학생은 교사의, 교사는 학교의, 학교는 국가의 시선 아래 있다"(Youdell, 2011, p.37). 푸코(1979, p.187)가 설명한 것처럼 규율 권력은-"종속된 사람들에게 의무적인 가시성

---

8) [역주] 이 연구는 2012년 Research Papers in Education, 27(5), 513-533에 출판되었으며, 아래 인용문은 이 연구에서 재인용한 것이다.

의 원칙을 부과한다. … 규율된 주체를 종속된 상태로 유지하는 것은 그들이 계속해서 보이며, 언제나 보일 수 있다는 것을 의미한다." 그리고 생산적 주체이자 "능력－기계"인 학생들에게 기본적인 초점을 맞추었다. 정확히는 우리가 확인할 수 있는 것처럼 더욱 특별한 일부 학생들에게 초점이 맞추어졌다(Foucault, 2010b, p.229). 그들을 가시화하는 효과 중의 하나는 그들을 분류하는 것인데, 이는 "종속된 자들의 대상화"를 의미한다(Foucault, 1979). 모든 교사 역시 판단의 시선에 주목한다.

> [매]해 각 부서의 대표는 학생들의 데이터를 확인하고, 관심을 기울일 필요가 있는 학생 집단에 관심을 집중할 책임을 부여받았습니다. 그 결과 이것이 학교의 문화로 정립되었어요(Caroline, 앳우드 학교, SLT).

> 저는 여름이 조금 두렵습니다. 왜냐하면 부서 대표로서 저의 첫 성과가 나오기 때문입니다. 결과가 어떨지 당신에게 정확히 말할 수가 없군요. 영어, 수학과 같은 주요 교과 부장들이 학기 초에 바로 교장과 상당히 많은 면담을 한다는 것을 압니다. 면담은 여러 시간에 걸쳐 모든 결과에 대해 진행되고, 꽤 많은 질문을 받게 될 것입니다. … 상당히 신경 쓰이는 일입니다(Nicola, 앳우드 학교, 영어).

학생들은 우수한 학생, 경계선 학생, 수준 이하 학생, 구제 불능한 학생 등으로 대상화되고, 성취를 판단하는 기준은 외부 정책에 따라 변화한다. 이는 다양한 종류의 학생에게 "집중"하고, 그들을 생산하기 위한 학교 내 강조점의 변화로 나타난다.

우리는 다른 부류의 아이들을 골라내고 있기 때문에, 정말 사기가 꺾이는 일이었지만 (부가 가치에) 더 이상 초점을 맞출 수 없어요. … C/D 경계선에 있는 아이들에 대한 개입은 지난해뿐만 아니라 예전에도 있었으며, 단계가 더 높아진 것처럼 보여요 (Naomi, 앳우드 학교, 레크레이션).

이러한 정책 테크닉은 교육 기관에 더 많은 자율성을 부여하고 교육제도의 탈집중화를 추진하며 시장화와 경쟁 모델을 채택하고 사회와 경제를 통치할 새로운 양식을 국가에 제공하는 일, 개인－교사와 학습자－과 그들의 행동을 형성하고 재형성하는 일 등을 특징으로 한다. 여기에는 눈여겨볼 만한 역설이 있다. 원래 경제제도를 대상으로 했던 통치의 범위와 의미가 학급 내의 세세한 과정과 교사－학생의 상호 작용으로 확대되었으며, 이들은 "통치를 위해 개입이 이루어지는 새로운 수준과 장(Foucault, 2009, p.97)"이 되었다. 이때 교사는 경제적 행동주의 테크닉에 의해 전략적인 경제적 합리성의 실행으로 "이끌리거나" "떠밀린다"(Thaler & Sunstein, 2008). 이것은 국가 그 자체뿐만 아니라 국가와 인구 및 학교와의 관계를 새롭게 구성하는 것을 포함한다. 교사와 학생은 "갱신된 자본주의"에서 "기업"(Foucault, 2010b, p.173)으로 만들어진다. 국가는 규제자이자 시장 조성자이다. 통치성의 변화하는 양식들은 다음 장에서 다시 다루게 될 것이다. 대신 논점을 바꾸어 내가 여기에서 다루고자 하는 요점은 수행과 생산성의 논리가 잉여화(residualization)의 효과를 재차 생산하는 것과 투자 가치가 있는 사람과 그렇지 못한 새로운 잉여들 사이의 "균열"이 설정되는 과정이다. 길본과 유델(2000)은 이러한 과정을 *선별적 분류*(triage)라고 부른다. 이것은 도덕적이고 경제적인 의사 결정이며, 가치를 부여하고 가치를 새롭게 지정하는 것이다. 학생 가치의 지역적 경제에서, 학교는 잉여들이나 고비용의 비생산적인 학생들, 즉 특수한 요구를 가지고 있으며, 행동에 장애가 있고, 부모의 지지를 받지 못하거나 다른 모국어를 사용하는 학생들을 피하고자 전략적으로 행동한다. 다시 말해, 경계들은 학교교육의 한계로 설정된다. 학교가 멀리하고자 하며 두려워하는 잉여 학생들은 추방되며, 그들의 행동이나 "성격"은 학습에 불리한 것으로 간주되고, "보호" 대상이 된다. 그들은 학교의 성취와 수준의 향상을 위협하는 것으로 간주된다.

이어지는 두 주제는 매우 간결하고 피상적이다. 분산, 조직으로서의 어떤 것들을 함께 보려는 관점과 시도를 제외하곤 특별히 새로운 것은 없다. 각 주제들은 경계의 설정과 관련되는 분리, 고정, 배제의 특별한 결합이 있는데, 이는 자원에 대한 생산성 그리고 도덕성과 관련이 있다. 다시 이들은 피와 지능, 능력, 문화, 인종, 성과 같은 그 대리물이 자연화되고 (문자 그대로) 합법화한 지능의 격자망, 관리의 복잡하고 변화하는 체계, 계산, 돌봄[9] 속에 놓인다.

새로운 IQ주의와 "신"/"구" 인종주의

지능을 "종에서의 차이", 일상적 분류와 다시 관련지어 능력으로 재배치한 것은 라우쉬(2012)와 코드(1971)가 그들의 연구에서 이미 지적했다. 길본(2010a)은 "19세기와 20세기의 고전적 IQ주의와 마찬가지로, 오늘날 영국 교육정책에서도 학생들의 능력을 천부적 재능, 우수

---

9) 앨런(Allan, 2005)은 "돌봄의 수행"에 대해 효과적으로 말했다.

한 재능, 평균적 재능의 세 가지로 구분하고, 학생들로 하여금 자신의 능력의 한계에 도달하도록 해야 한다"(교육기술부, 2005, 20)라고 지적한다. 마찬가지로 화이트(2006, p.142)도 신노동당의 '천부적 재능을 지닌 학생과 우수한 학생들을 위한 영재와 우수아 교육 프로그램(Gifted and Talented program)'이 그러한 IQ주의와 지능을 고정된 것으로 간주하는 입장에 근거한다고 주장한다. "터먼과 버트를 비롯하여 많은 이들이 주장했던 지적 엘리트를 발견하고 그들에게 알맞은 교육을 제공하고자 하는 영재와 우수아 교육 프로그램은 갈톤(Galton) 프로젝트의 가장 최신판이라고 할 수 있다." 또한 이미 언급한 바와 같이, 인종차별을 당하는 소수자들은 교육정책에서 "선천적으로" "위험하고" 결함이 있다는 식으로 다르게 재현된다. 래드슨-빌링스(Ladson-Billings, 2009, p.19)는 "흑인다움은 주변화되고, 정당화될 수 없는 범주"로 재편되고, 그로 인해 "[그들에게] 내재된 가능성의 지형이 만들어진다"라고 말한다.

길본은 그가 "퇴화하는 담론들"이라고 부른 지능, 개인주의, 인구관리, 위험한 타자에 의한 위협, 자원으로서의 인구 그리고 신자유주의가 오늘날 교육정책에서 복잡하게 연결되어 있는 것을 신중하게 추적한다. 그는 "2008년 12월 가난한 백인을 위협적이고 퇴화하는 존재라고 *공격하는* 다수의 기사 제목을 보았다"라고 말한다(아래 참조)(Gillborn, 2010b, p.7). 푸코(2003: 316-317)의 지적처럼 퇴화, 유전, 인종주의의 관계는 매우 확실하지만, 길본(2010b)은 백인 노동 계급이 새로운 "인종 희생자"로 인종차별을 당하는 소수자로 관련되는 논의를 계속한다. [새로운 인종 희생자라는] "균열"은 다른 지점에서 만들어지는데 길본은 두 가지 특별한 "사례"에 주목한다. 하나는 "(다른 것들 중에서도) '교육적 실패'의 원인을 책임감과 노력의 부족으로 규정하고,

도덕적 패닉을 그러한 책임감과 노력이 부족한 '하위 계급'의 증가로 인한 위험으로 구성하는 것"이다. 다른 하나는 "확실한 해결 방안으로 (중간 계급에 유리하도록) 세법을 개정하고, (노동 계급을 규율하는) 사회적 지원을 줄이는 것"이다(p.70). 여기에서 가족, 문화, 피 그리고 안전, 영토, 인구는 서로 단단히 얽혀 있으며, 이들은 이민 정책에서 복지, 세제 개혁, 성, 재생산, 젠더, 가족 책임에까지 "인구―복지 정책"과 관련하여 다양한 방식으로 반복해서 언급된다. "예상한 것처럼, 여성들은 특별한 관심의 대상이 되는데, 여러 남성과 관계를 갖고 아이를 '마구잡이로 낳는' 여성에 대해 공개적 반감을 보인다"(Gillborn, 2010b, p.17). 반감은 위생, 섹슈얼리티, 퇴화가 권력의 효과에서 벗어날 때, 신체와 도시(특히 "재산") 그리고 규율과 조절의 교차점에서 드러난다. 타일러(Tyler, 2006, p.28)는 "[백인 하층 계급인] 차브(The chav)의 엄마는 순결하고 존경받는 백인 중간 계급 여성의 구성적 한계로 작동하는 철저히 더럽고 역겨운 존재론을 재현한다"라고 주장한다.[10] 중간 계급은 "보통 인간"이고(Apple & Pedroni, 2005, p.100), 차브는 "오염된 타자"이다(Apple, 2006, p.158). 다시 한 번 우리는 인간성과 신체의 경계를 혐오의 대상으로 삼고 있음을 알 수 있다(Ahmed, 2004). 이것은 비정상성이나 나병 환자의 영역이다. 푸코식으로 "인간종 내부의 균열"을 뜻하는 인종차별은 "어떤 집단의 다른 집단에 대한 편견이나 방어라기보다 위험의 소지가 있는 한 집단의 모두를 검사하는"(Foucault, 2003, p.317) 방식이다. 다음 장에서는 이 모두와 관련된 신자유주의의 역할에 대한 길본의 지적을 다루고자 한다.

최근의 교육정책에서는 퇴화와 오염에 대한 공포가 다른 식으로 관

---

10) [역주] 타일러의 글은 2006년이 아니라 2008년에 출판되었다. 인용 페이지도 28페이지가 아니라 30페이지이다.

리된다. 예를 들어 학부모 선택의 신자유주의 논리는 좋은 자원이 풍부한 부모들에게 미시적 형태의 사회적 보호를 제공하는 것이다. 학부모들로 하여금 "순수한 공동체"(Vincent, 2012)를 유지하고, 특권과 기회에 대한 위험을 완화하기 위해 "오염"과 해로운 사회적 섞임을 피하고, 일정한 거리가 "유지되도록"(Bourdieu, 1986, p.472) 한다. 선택은 기회에 대한 차별적 접근을 재차 강조하고, 새로운 책임 메커니즘을 통해 "균열"을 확고하게 한다.

"포용을 향한 편견의 제거"11)

푸코는 『광기와 문명』(Madness and Civilization)(2001b)의 제8장 "새로운 분리"에서, 18세기 프랑스 범죄자들인 빈민, 방탕자, 악당, 가난한 자, 광인의 범주와 경계 구분에 관한 일련의 분투와 갈등을 개괄한다. 이는 그들을 사회 안팎에 적절하게 위치시키는 것과 상호 관련되어 있다. 푸코는 이 분투들이 종종 "속삭임들"과 "절반의 침묵" 속에서 이루어졌다고 말한다. 그리고 광기의 "해방"과 "속박의 폐지", "치유적 개입들"과 "자기 통제"에 의한 그들의 대체, 관찰과 분류, 권위와 이성12)에 대해 기술한다. 아마 "특수교육에 대한 요구들" 또는 "정신박약 아이들"의 해방도 같은 식으로 논의할 수 있을 것이다. 내가 이를 통해 이끌어 내길 원하는 지점과 이 분석과의 관련성은 정상과 비정상, 특수와 보통이라는 범주 사이의 배제와 분리의 경계들이 (많은 다른 학자들이 소개한 것처럼) 선형적이고 진보적인 의미가 있는 것이 아니

---

11) 녹서: 지원과 열망: 특수교육 요구와 장애에 대한 새로운 접근(교육부, 2011: 51).
12) 아마도 여기에서 푸코는 선형적이고 인간주의적 역사의 장점을 수용한다. 즉 "만연한 언어의 사용, 친밀한 문법적 구조, 사유들의 배열 그리고 '일련의 사건들'에 대한 묘사들이 우리를 옭아매고 제한한 방식들"을 설명한다.

라, 우연성과 "효과"의 관계 속에서 지속적으로 쟁투하고 있다는 점이다(Armstrong, 2009; Slee, 2011). 신체적이고 지적인 "능력"의 분리와 "정상"의 개념은 고정된 것이 아니다. 그들은 지속적으로 변화하는 경제, 정치, 전문적 권위에 따라 투쟁하고 바뀌었다. 그들은 "특수한 것", 포함, 제공의 "적절한" 형태는 무엇인지와 같은 언어와 관습에 대한 투쟁들에 내재되어 있다. "지식은 권력이 작용하는 모든 표면에 걸쳐 지식의 새로운 대상들을 발견하면서, 권력의 발달을 뒤따른다"(Foucault, 1979, p.204). 그러므로 "정신과학의 역사 … 는 본질적으로 통치의 역사와 연결된다"(Rose, 1998, p.11). 이를테면 라우쉬(2012)는 '기존의 결함 있는 구조들을 갱신하고 수습하는 것'으로서 '특수한 요구들'을 지닌 학생들의 '통합교육(mainsteaming)'을 강조하는 워녹 보고서(Warnock Report)를 소개한다. 또한 바튼과 암스트롱(Barton & Amstrong, 2007)은 "'특수교육 요구(SEN)'에 대한 개념의 역사는 깊이 뿌리내린 전통들과 실천들에 새로운 담론들을 부과하는 것을 포함하는 복잡성과 모순의 좋은 예"(p.9)라고 주장한다. 그리고 우리로 하여금 "전문적 회복 탄력성"의 권력을 상기시킨다(Slee, 1997, p.407). 이러한 역사와 우리의 현재 교육은 "그들 이전 세대의 재해석에 대한 우리 이전 세대의 재해석을 다시 재해석"하는 로티(Rorty, 1982)의 계보학 연구와 매우 유사하다(p.xlii). 이는 "논리적 모순"(Prado, 1995, p.42)에 물든 "일탈과 주변적 요소들"(Foucault, 1984)이자 관계적 변화의 *역사*이다.

위에서 논의한 모순의 최근 사례는 영국 연합정부의 녹서, *지원과 열망: 특수교육 요구와 장애에 대한 새로운 접근*에서 발견할 수 있다. 이 녹서는 비정상성에 대한 지배적인 의료적, 경제적 담론의 재출현을 알리는 것이었다(1.10에서 1.17 [pp.30-31, 5.3, p.93]-공동 전략적 요구분석[13])을 통해 보건복지위원회와 특수교육 요구를 연결). 녹서에서는 특수교육 요구를 결핍으로 표현한다. "타자"성은 정책으로 다시 구체화되는데, 이를 앨런(2008, p.40)은 "차이는 지속적으로 증명되고 가치는 평가되었으며, 정책의 대상으로 포함된 개인은 특별한 지위로 규정된다"라고 주장한다. 녹서 역시 "과도하게 신분을 구체화하는 것을 방지할" 필요가 있음을 제안한다(p.58). 이는 특수교육 요구 실행 규정에 따른 현행 "등급화된 접근"을 개별 학교 단위에서 특수교육 요구 범주를 적용하는 방식으로 대체함으로써 달성할 수 있다. 그러면 이 경우보다 적은 수의 아동들이 특수교육 요구를 "가진 것"으로 드러나게 될 것이다(3.44, p.68). 한편으로 너무 많은 특수교육 요구가 있으며, 너무 많은 아동이 특수교육 요구를 가진 것으로 판정된 반면, 다른 한편으로 그것은 정책에 '실제' 결핍으로 남아 있다. 필요한 것은 더욱 정확하고 결정적이며 더욱 "과학적"으로 비정상성을 범주화—누가 비정상이고 아닌지 그리고 어떤 종류인지—하는 것이다. 또한 녹서는 정책의 다른 측면과도 연관되어 있는데, 예를 들어 행동과 학교 배제와 관련하여 부모와 가족을 문제화하는 것이다(3.55, p70).

여기에 재차 분류와 배제의 상호 작용이 있다. 이러한 상호 작용은 규율과 조절의 상호 작용, 실천과 지식, 식별과 분리 절차, 제도화된 담론 체계—"권력과 지식의 혼잡한 상호 작용"에 따라 정책으로 구성된다(Olssen, 1993, p.165). 녹서뿐만 아니라 여러 곳에서 분리는 "계속해서 존재하고 우리에게 가치 있는 것을 낳는 오류, 그릇된 평가, 잘못된 계산"(Foucault, 1984a, p.146)으로 "얼기설기 직조(織造)된다"(p.142). 19세기의 상당한 부담이었던 "결핍된 아동"은 21세기 정책에서도 순화되어 그대로 재생산되었다. 이 과정에서 의학, 심리학, 교육학, 법은 어색

---

13) 공동 전략적 요구분석(Joint Strategic Needs Assessments)은 www.idea.gov.
uk/idk/core/page.do?pageId=7942796을 참조할 수 있다.

하고 불안정하게 결합되었다. 즉, "인식 주체, 인식 대상 그리고 지식의 양상은 권력/지식의 근본적 영향과 그것의 역사적 변형의 많은 효과로서 간주되어야 한다"(Foucault, 1979, pp.27 – 28).

일반적 인식 가능성(intelligibility)의 격자?

2장에서 살펴보았듯이, 암스트롱(2003)은 "사회 질서의 합리성을 위협하는 것으로 인식되는 사회의 주변부 사람들에 대항하기 위해"(p.16) 우생학 운동의 테크놀로지가 활용되었으며, "이와 대조적으로 '정상화(normalization)' 원리는 더 포괄적으로 … [그리고] 많은 아동과 그들의 가족을 감시하고 통제하고자 확장된 체제"라고 정확하게 지적한다.

그러나 정상화와 배제는 정상성의 경계와 관련되어 있고 퇴화와 오염의 공포를 야기하며, 본성과 피의 담론이 배태되어 있다. 이들은 현대의 일상적 실천들, 일반적 학교교육, 보통의 교실에서 발생하며, 이 모두에 깊게 새겨져 있다. 또한 정책과 법률, 자원으로서 인구의 책무와 관련하여 끊임없이 반복해서 개정된다. 규율과 조절 내에서 생성되는 구분, 경계, 실천들은 비용과 비용 효과성, 기회와 이해관계의 관점에서 *분포*(distribution)의 문제와 연관되어 있다. 담론과 실천들은 개별화하고 총체화하면서 이러한 분포를 만들고 "설명한다." 또한 부모의 선택과 양육 능력, 결핍 아동과 같은 것들로 대신하기도 한다. 즉, "우리는 아이들의 실패, 이탈, 주의 산만, 분노, 반항을 유전적, 의학적 프로파일로 설명하려고 한다"(Slee, 2011, p.151). 우생학, 지능심리학, 교육사회학은 모두 지성, 가정, 공동체, 학교에서의 분포 형태를 정하거나 다른 것으로 대체하여 설명한다. 그리고 그러한 담론들과 실천들을

119

비가시화하고 분류를 중립적인 것으로 만드는 데 기여한다.

나는 니콜라스 로즈가 『자유의 힘』(1999)에서 배제와 관련하여 사용한 '*아브젝시옹*(abjection)'14) 개념의 적절성을 발견하였다. 여기서는 '아브젝시옹'을 정신분석적 의미가 아니라 교육적 관련성 차원에서 살펴보고자 한다. 로즈(Rose, 1999, p.253)는 "아브젝시옹"을 "힘의 작용"(1999, p.253)으로 "버려지는 것 또는 좌천되는 것", "존재 양식으로부터의 강등"으로 정의한다. "특정 개인과 집단의 존재 방식이나 실존 양식을 수치, 모욕, 불명예의 영역으로 추방"하고, "그들의 가치를 전적으로 부정함으로써 관용될 가능성을 부인"하는 것과 같은 "분리의 작동"이다(p.253). 이는 1905년 윌리엄 베버리지가 "단순한 기생충"으로 묘사했던 사람들과 같으며, 초·중등학교의 교실에서 발견할 수 있다. 이를 "학생 가치의 경제학"이라 하는데, 이는 흑인 학생들에 대한 배제, 인종에 따라 지능의 분포가 다르다는 이데올로기적 작업, "특수"한 "타자들"의 반복적 재생산처럼 공통적으로 이들 모두가 지나치게 결핍되어 있다고 본다. 로즈는 "보편적 시민권의 정치적 원칙은 스스로 시민이 될 수 있는 사람과 그렇지 못한 사람들 사이에 경계를 긋고자 하는 요구를 제거하지 않는다"(1999, p.254)라고 말한다. 이것은 딘(2007)이 "하위 집단(subpopulations)"이라 부르는 것의 경계를 긋는 것으로, "겉으로는 포용적일 것으로 추정되는 자유주의 사회에서 새롭게 위계, 권위, 의무, 예외를 구분하고자 하는 것"이다(p.196). 또한 앞서 연구된 "도시"의 "문제"와 특별하고 지속적인 관련이 있다. 윌슨(Wilson, 2007)은 미국 도시에서 흑인 게토 인구를 "수용하고" "고립시키는" 장치로 "구체화된 인간 폐기 지역"의 출현을 분석했다. 이곳은

---

14) [역주] 비체(非體)로 번역되기도 한다. 주디스 버틀러(Judith Butler)는 주로 정신분석학적으로 이 개념을 사용했다.

"부동산 시장에서 암적"이며 국가의 "건강"에도 위험한 장소로 간주된다(p.6).

여기서는 근대의 교육적 신체에 주목하고 그것을 생산하는 사유와 실천 양식, 윤리 형식을 밝히고자 한다. 이들은 극적이면서도 일상적인 방식들로 흑인의 몸, 장애인의 몸, "하위 계급"의 몸에 주목하였으며, "조절되고 다형적인 담론의 선동"으로 자리 잡았다(Foucault, 1981, p.34). 이것들은 교실에서의 교육적 과정과 사고를 조직한다. 본성, 문화, 피, 메타신체는 "역사에 의해 완전히 각인된 신체를 함께 드러낸다"(Foucault, 1984a, p.83). 그러한 신체는 생산적이지 않을 뿐만 아니라 유순하지 않은 잉여 그리고 쓸모없는 신체로 간주되어 뒷담화와 반(半)침묵의 대상이 된다. 학교는 "개인들의 위치를 정하고" 배제하기 위한 "정밀한 도구"이자 "분석적 공간"이다. 또한 "인간 종의 균열"을 내어 여러 갈래로 나누는 규범화와 배제의 기계이다. 교육의 의무화와 보편화의 다른 측면은 "아주 오래되고 어디에나 존재하는"(Slee, 2011, p.150) 공포, 오염과 그들을 근절하는 일의 의무화, 보편화이다.

계보학: "자유의 과학"

이와 같은 비판은 푸코가 "반(反)과학"이라고 부른, 교육정책을 다른 방식으로 분석하기 위한 투박한 노력이었다. 그것은 자유민주주의의 규범적 프레임에서 벗어나는 것이며, 딘(2007)이 "우리(사회·인간과학)"(과 나)의 자유주의와의 "친밀한 관계"(p.199)라고 부른 것으로부터 탈출하려는 것이다. 이를 위해 포기할 것이 많다. 이것이 바로 대상화하는 경향과 주체화하는 실천의 역사인 "역사의 우연적 역사"(Foucault, 1983c: 201)이다(이번 장에서는 대상화를 다루었고, 다음 장에서는 주체화를 중심으로 다룬다). 나는 효과적인 역사 교육에서 어떤 계기와 사건들을 작용으로 써 결합하고, 다른 것들을 분리하며, "사유의 새로운 선택지들과 행위의 새로운 가능성을 창조하기 위해 푸코의 개념들"(Rabinow & Rose, 2003: xi)을 활용하고, 학교를 다르게 생각하는 것을 가능하게 할 공간을 창조하고자 했다(Slee, 2001, 8장, 4장 참조). 푸코를 진지하게 받아들인다면, 우리의 역사와 우리 자신의 외부에 존재하는 문제들에 대항해야 하며, 우리 자신에 대한 윤리적 작업을 실천해야 한다(Allan, 1999: 126 참조). 국가 교육의 탄생에 대한 찬양을 멈추는 대신 학교교육을 "신체를 강제하는 근대적 행위"의 "불명예스러운 순간"으로 이해해야 하지 않을까?(Foucault, 1979: 191).

Chapter 04

어떻게 하면 이런 식으로 통치당하지 않을까?

나의 목표는 … 우리 문화에서 인간이 주체가 되는 다양한 양식들의 역사를 창조하는 것이었다(Foucault, 1982: 208).

제4장에서는 서로 복잡하게 관련된 주체성, 신자유주의, 윤리라는 세 가지 주제를 다루고자 한다. 아울러 저항과 자유의 문제를 간단히 살펴보고, 앞선 장에서 언급했던 "자기를 다시 쓰기"에 관한 물음을 다시 다룰 생각이다. 후자는 푸코 연구에 대한 "도전"에 응답하는 것이며, *아래에서 다룬 '위험'과 '대가', 그것에 대한 분석이 학문적 주체를 어디에 위치시키는지*에 대해 사고하는 것이다. 이 문제를 다루지 않고 미루어 놓았던 것은 다분히 의도적이었다. 그러나 여기에서도 앞의 두 장과 마찬가지로 푸코를 재차 역사에 적용할 것이다. 이는 복지에서 신자유주의로의 변화(Jessop, 2002), 통치에서 통치성으로의 변화, 정치에서 윤리로의 변화, 규율에서 주체성으로의 변화를 말하는 것으로 현재의 역사에 관한 것이다.1) 나는 규범과 비정상성을 간략히 언급

---

1) 푸코가 이 용어들을 언제나 한결같은 의미로 쓴 것은 아니다.

하고자 한다. 주체성, 신자유주의, 윤리의 문제는 내 삶과 연결되어 있으며, "균열된" 것처럼 보이는 것들과도 관련되어 있다. 그뿐만 아니라 이는 일상에서 경험하는 "주된 위험들"로 학자이면서 지식 경제에서 일하는 노동자라는 이중적 의미에서 나는 누구이고 나는 무엇을 하는지와 관련이 있다(Slee & Allan, 2008: 45 참조). 나는 신자유주의에 맞서 싸우면서도 계속해서 그것에 둘러싸여 있다. 나의 의도는 이와 함께 푸코의 후기 작업을 더욱 잘 이해하고자 하는 것이다. 나의 관심은 나/우리가 새로운 통치성의 실천에 예속된 방식과 이러한 실천에서 벗어나고자 또는 관여하고자 저항하는 방식이다.

통치성(governmentality)이란 한때 푸코가 "추한 단어"라고 한 것으로, 1950년대에 바르트(Barthes)에 의해 사용되었으며 "근대 초기 유럽에서 출현한 특정한 통치와 행정관리의 심성(mentality), 기술(arts), 체제"(Dean, 1999: 2)에 관한 지식을 탐구하는 연구 영역을 가리킨다. 보다 일반적으로 사용되는 통치(government)는 "구체적 목적에 따라 사회적 행위자를 인도하기 위해 상대적으로 계산된 어떤 실천(Dean, 1999: 12)" 또는 종종 "품행의 통솔(the conduct of conduct)"로 기술된다(Foucault; Gordon, 1992: 2에서 재인용). 이것은 국가가 장악하고 있는 권력보다 훨씬 넓고 다양한 어떤 것으로, "행위자, 권위, 통치될 행위의 측면, 규범, 추구하는 목적, 효과, 결과, 절차의 복수성"(Dean, 1999: 10)을 말한다. 다른 말로, 권력의 행사를 "합리화"하는 담론적 장을 의미한다. *이는 지배의 형식이 아니라 지배의 상태를 야기하는 통치 테크놀로지를 말한다.*

여기에서는 앞 장에서 다룬 길본(2010b)이 제기한 논의를 확장하고, 다음으로 "경쟁적 개인주의라는 신자유주의의 꿈이 … 우리의 교육의식과 감각을 인도하는"(Slee, 2011, p.151) 방식을 다루고자 한다. 그것은 불평등을 설명하고 정당화하는 "특징"과 가치를 도출하고, 우리를 특정 주체로 구성하며, 우리의 윤리적 실천에 교묘하게 스며들어 새로운 종류의 개인주의로 출현한다. 이러한 "[교육적] 의식과 감각"을 예증하는 방법으로서 *수행성*(performativity) 논의를 반복하고자 한다.

주체성

먼저, 1장에서 살펴본 푸코의 지적 궤적을 다시 검토하도록 하자. 푸코의 사상을 여러 단계로 구분하여 살펴보는 것은 다소 위험하고 무의미하다. 그럼에도 불구하고 이 장에서는 관례적으로 푸코의 두 번째, 세 번째 강의 *시리즈*를 활용한다. 정치경제학과 통치성(Foucault, 2009, 2004b)에 관한 두 번째 강의와 윤리와 자아의 미학을 다룬 세 번째 강의(Foucault, 2010b, 1992)는 우리는 누구이고, 무엇이 되어야 하느냐는 물음, 즉 *자기수련*(askesis)과 "생성의 노동"(Venn and Terranova, 2009, p.3)에 관한 것이었다. 두 강의는 서로 긴밀하게 연결되어 있으며, 모두 권력이라는 주제를 관통하면서 권력의 강화에 주목하고 있다. 두 번째 강의는 주체성과 신자유주의를 다루고 있는데, 이는 앞의 두 장의 주된 관심이었던 규율과 정상화에서 논의의 초점이 이동했음을 의미한다. 그럼에도 불구하고 푸코의 연구에서 다양한 연속성을 발견할 수 있는데, 예를 들어 초기 연구에서 소개되고 발전된 몸, 건강, 분리, 배제, 본성과 같은 다양한 아이디어들이 계속해서 활용되고 있다. 닐론(2008: 45)의 다음 표(<표 4.1>)는 푸코의 연구를 관통하는 주제와 문제 그리고 전위(轉位)를 잘 정리하고 있다.

<표 4.1> 푸코의 주제와 문제의 변화

출현 시기	17세기	17 - 18세기	18 - 19세기	19세기 - 현재
권력 양식	주권 권력	사회 권력	규율 권력	생명 권력
기본 행위자	왕	법률가	전문가	개인
기본 목표	육체	계약	자질	삶
기본 요체	신체	영혼	훈련	통치성
주요 실천	의례	대표	훈련	규범
가장 강한 형식	고문	개혁	파놉티시즘	성
바람직한 결과	복종	공동체	온순함	자율 통제

　　푸코는 마지막 강의『진리의 용기 1983 - 1984』의 첫 부분에서, 지식(진리), 권력(통치), 주체라는 세 가지 주제를 함께 언급하면서 "어떤 것도 다른 것으로 환원되거나, 흡수되지 않으며, 이들의 관계는 상호 구성적이다"(Flynn에서 재인용, 2005: 62)라고 주장했다. 그는 "사상사"를 "경험의 지점"의 역사이자, 인간이 스스로를 - 미친, 병든, 성적인 것 등으로 - 생각하고 인지하는 과정에서 지속적으로 출현하는 방식으로 설명한다. 이들 지점은 지식의 축 또는 담론적 실천 규칙, 권력의 축, 윤리의 축이라는 세 축에 따라 연구된다(Foucault, 2010b: 1 - 5).

　　이들 축과 함께 최근에 관심을 두는 것의 변동과 강화는 예전 푸코 분석에서 핵심이었던 복지국가와 민족국가라는 사회적 구성체를 재배치하고 재고하도록 한다. 통치성의 발달에 배태된 이러한 변동과 강화는 우리의 "오늘"에 대해 직접적으로 말하고 있다. 또한 신자유주의의 존재론적 작동에서 포스트 9/11 "안전 테크놀로지"의 증식(예를 들어 Dillon and Lobo - Guerrero, 2008)에 이르기까지 다양하고, "이질적이며 불명료한"(Dean, 2007: 91) 권력의 성격을 다룬다. 통치/성이 논의의 핵심이지만, 딘의 지적처럼 "오늘날 정치와 권력을 통치의 문제로 집약시키지 않는 것이 중요하다"(2007: 91). 통치는 다른 유형의 권력과 함께 작동되지만, 다른 것들과 마찬가지로 "더 오래된" 권력과 동일한 방식으로 작동하지 않는다. 푸코의 후기 연구에서 권력의 다양성에 대한 관심은 장치 또는 '위상적 접근'으로의 변화로 읽힐 수 있다. 위상적 접근이란 "특별한 실재로서 사회를 구성하는 이질적인 것들의 '상관관계의 패턴'이나 전략적 성향을 인식하는 것을 말한다"(Venn & Terranova, 2009, p.5). 이는 다양한 지점에서 다양한 방식으로 작동하는 권력의 격자를 형성하기 위해 진리 체제 내에 분산된 테크닉과 과정, 실천, 관계를 서로 어우러지게 하는 것이다(Foucault, 2010a, p.19).

다음으로 주체성을 간단히 소개하고, 푸코가 주체성을 다룸에 있어 어떤 차별성을 지녔는지 살펴보고자 한다. 나는 주체성이 신자유주의의 특수성 안에 "근거하고", 모든 신자유주의적 수행성의 "방법들" 안에 "근거하며", 윤리, 저항, "자기 글쓰기"와 관련된 문제라고 바라본다. 이러한 작업을 수행하면서 우리는 푸코의 분석 작업을 통해 작동하는 생산적인 역설들을 또 다른 방식으로 마주해야 한다. 우리는 지배와 생산, 자유와 예속에 대해 동시에 관심을 기울여야 한다.

사유는 더 이상 이론적이지 않다. 그것은 불쾌하게 하거나, 화해시키고, 유혹하거나 쫓아 버리고, 끊고, 분리하며, 통합하거나 재통합하는 기능을 한다. 그것은 자유롭게 하거나 예속의 상태에 있도록 우리를 도울 수 없다. 미래를 규정하고, 제안하며, 우리가 무엇을 해야 한다고 말하기도 전에, 또는 권고하거나 단순히 경종을 울리기 전에, 아주 이른 존재의 수준에, 사고는 그 자체로 위험한 행동이다(Foucault, 1977b: 5).

주체성에 대한 푸코의 글에서 강조되는 두 지점이 있다. 하나는 그의 주장에서 전형적으로 나타나는 것으로 "주체"라는 단어에 두 가지 의미가 있다는 것이다: "통제와 의존에 의한 누군가 다른 사람으로서의 주체와 의식 또는 자기 지식에 의해 자신만의 정체성에 묶인 주체, 이 두 가지는 주체를 복종시키고 형성하는 권력의 형식을 가리킨다"(Foucault, 1982, p.212). 특히 후자의 의미에서 우리의 희망, 꿈, 환상, 욕망뿐만 아니라 자존감, 역량 강화와 같은 "개인적" 특성은 권력의 가공품으로 볼 수 있다. 주체성은 정치적이고 경제적인 맥락 속에서, 살아지는 경험들의 가능성이다. 따라서 주체성은 "행위자이자 대상으로서 자아의 실제 기반"(McGushin, 2011, p. 129)이고, 우리가 주장하는 정체성들을 가능하게 하는 것이다. 그리고 이 정체성들은 역사적으로 우연적인 것이다. 우리는 이러한 이중 구속 속에서 만들어지고, 지속된다. 그러나 푸코는 또한 권력은 "경합적"이라고 주장한다. 경합적이란 호혜적인 자극과 투쟁의 관계이며, "영원한 분개"보다 덜 대립적인 관계이다(1982, p.222). 따라서 권력은 "다른 방식으로 행동하고 반응하며 다르게 처신하는 것이 실현 가능한 장에서 만나는" 자유로운 주체들을 대상으로만 행사된다(p.221). 그의 마지막 연구 앞부분에는 주체성과 우리가 우리 자신과 삶에 대해 다르게 생각하는 방식들이 훨씬 많이 있다. 예를 들어, 주체성 아이디어는 우리가 누구인가보다는 우리가 무엇을 하는가와 같이 적극적인 생성 과정이자 "자기돌봄(the care of the self)"이다. 그것은 삶의 기술 또는 테크놀로지이며, 자기 시험과 단단한 결심의 기교로 우리 자신과의 관계를 확립하고, 적어도 일시적으로나마 자유의 가능성을 성취할 수 있는 실천들이다. 이와 관련해 멘디에타(2011, p.122)는 "우리는 무엇인가 되고 있으며, 또한 다르게 될 수 있기 때문이다"라고 말한다. 이는 우리 자신의 폐기 가능성에 맞서는 수단으로서 우리 자신에 대한 비판적 존재론의 계보학을 검토하도록 한다. 이는 우리에게 푸코를 다르게 읽도록 하는 것으로 (Mendieta, p.112), 예속, 규율, 정상화보다는 "진리의 자유와 자유의 진리"(p.123)에 관심을 둔다. 여기에는 단순한 논리가 있다. 만약 권력이 우리의 주체성에 작용하고 주체성을 통해 우리에게 작용한다면, 우리는 자유롭게 되기 위한 저항과 투쟁의 지점이 어디인가에 초점을 맞춰야 한다. 닐론(2008)은 푸코의 후기 연구를 권력의 포기 또는 권력의 강화라는 두 가지 가능성으로 읽을 수 있다고 주장한다. 두 가능성 모두 옳으며, 푸코는 1984년 6월 25일 파리에서 에이즈 합병증으로 세상을 떠날 때까지, 둘 사이의 긴장과 싸웠다.

이러한 푸코의 관심들은 명백히 "교육적" 가능성을 제시함에도 불구하고 교육자들에 의해 그다지 큰 관심을 받지 못했다. 그보다 우리는 교육 경험의 지속적이고 규율적인 측면에 우선적으로 관심을 두는 경향이 있다. 베슬리(2005)는 "자기돌봄"의 적용에 대해 논의하는 몇 안 되는 학자 중 한 명이다. 피터스(2003) 또한 교육과 푸코의 후기 저작 "진리 말하기"와의 관계를 밝히고자 한다(Popkewitz and Brennan, 1998 참조).

그러나 (가장) 후기 푸코에 관한 논의는 잠시 미뤄 두었다가 이 장의 마지막 부분에서 다시 다룰 것이다. 대신 여기에서는 일반적으로 주체화로 번역되지만, 그가 *예속화*(assujettissement)라고 부른 과정에 집중할 것이다. 여기서 핵심은 존재론적으로 권력에 우선하는 개인이나 자아란 없다는 것이다. 이미 형성된 주체는 없다. 주체는 세 가지 상호 연관된 방식으로 생산된다. 첫 번째로, 2장과 3장에서 다룬 것처럼, 자신에게 과학의 지위를 부여하고, 발화 주체(언어학), 생산 주체(경제학), 순수 생명체(생물학)를 대상화하는 탐구 양식이다. 두 번째는

2장, 3장에서 주목했던 것처럼 그들 자신 안에서 그리고 타자로부터 주체들을 분리(제정신인 사람들로부터 미친 사람을, 건강한 이들로부터 병자를, 선한 사람으로부터 범죄자를)하고, 그럼으로써 그들을 대상화하는 "분리 실천"의 방식이다. 세 번째는 "자기 자신을 주체로 바꾸는 인간 존재 방식"(Foucault, 1982, p.208)인데, 이는 사람들이 자기 자신들을 성의 주체나 기업가적 주체로 인식하도록 어떻게 배우는지와 관련된다. 이 유형은 푸코가 통치라고 불렀던 방식들 속에서 결합되고 상호 연관된다. 여기서 통치는 가족과 아이들을 위한 지침, 가족 관리, 영혼의 감시 등으로 광범위하게 언급됨으로써 근대적 의미보다는 다소 고전적 의미로 사용된다. 그러므로 통치는 자아의 통치를 포함하고, 또한 "자아를 관리하는 방법, 통치되는 방법, 다른 이들을 통치하는 방법 … "(Foucault, 1997b, p.97)에 대한 질문을 낳는다. 딘(1999, p.14)이 명쾌하게 설명한 것처럼 "우리 자신에 대한 우리의 이해는 우리가 통치되는 방식들과 연결되어 있다."

오늘날 많은 비판적 논의는 자유와 구속, 합의와 폭력이라는 이분법에 여전히 의존하고 있다. 통치성의 관점에서 볼 때, 주체성과 권력을 별개의 것으로 다루는 것은 마땅하지 않다. 통치는 정치적 통치 권한으로부터 "자기의 테크놀로지"라는 자기 조절 양식에 이르기까지 확장된 연속체를 말한다. 이러한 이론적 입장은 부여받은 권한과 전문화된 국가 기구에 의한 직접적 개입뿐만 아니라, 개인을 지도하고 통제하도록 독특하게 개발된 간접적 테크닉을 특징으로 하는 신자유주의적 통치 양식을 보다 정교하게 분석하도록 한다(Lemke, 2000: 12).

본질적으로, "여기"와 "바깥" 모두 신자유주의가 뒤덮고 있다(Peck, 2003). 우리의 머릿"속"과 경제의 "안"도 마찬가지이다. 이제 나는 통치성과 주체성을 신자유주의와 관련하여 논의하고자 한다. 현재, 국가와 주체성 사이에 존재하는 상호 관계, 우리가 신자유주의라 부르는 것은 "벗어날 수 없는 시대의 지평"(Dean, 1999, p.199)이다.

신자유주의

푸코가 『생명관리정치의 탄생 1978 - 1979』(2010a)에서 시도한 분석은 그에게 있어 다소 낯선 방식이었다. 이 강연에서 그는 특정 정치 경제와 그에 따른 주체성 그리고 그들의 관계 검토라는 이중 방향을 취했다. 이 작업은 자유주의에 초점을 두었고 생명정치 개념에 새로운 변화를 주었다. 그는 "자유주의라는 통치 체제를 알아야만 생명정치가 무엇인지를 이해할 수 있다"(2010a, p.22)라고 말한다. "18세기 새로운 통치 기술"(p.270)로부터 독일의 질서 자유주의와 하이에크를 거쳐, 오늘날 미국 신자유주의에 이르는 자유주의의 긴 계보학을 통해 수행된 이 작업은 그가 자신의 연구에서 현재를 직접적으로 언급한 사실상 유일한 부분이다. 이는 자신의 정치적 활동에 반하는 것으로 일련의 역설을 포함하고 있다. 신자유주의는 "지나치게 통치하지 않으면서도" 동시에 시장의 경제적 양식을 "사회적 신체 전체"(p.248), 통상 시장이 관심을 두지 않았거나 영향을 받지 않던 사회 체제 전반으로 확장하고 일반화하는(p.248) 정치로서 위치지어진다. 그는 강연을 정리하면서 자유주의를 "다형적인 것(polymorphic)"(p.320)으로 묘사한다. 자유주의는 "어떻게 지나치게 통치하지 않을 것인가"(p.13)에 관한 것이자, "현재" 통치성의 개혁과 합리화, 즉 어떻게 다르게 통치할 것인가에 대한 것이다. 나아가 "하나의 탐구 방식"으로서 신자유주의적 경제는 국가와 적대적 관계 속에 놓여 있고 동시에 신자유주의적 실천은 국가와 때로는 불안정하지만 "지속적인 호혜 관계"(p.169)를 이루고 있다(Ball, 2012 참조). 국가의 역할은 "신자유주의적 시장 자본주의를 위한 조건과 그것에 적합한 새로운 개인 유형을 구성하는 기구들을 배치하는 것"(Venn & Terranova, 2009, p.6)이다. 국가는 "공식적으로 경쟁 구조가 기능할 수 있는 구체적인 현실 공간"(Foucault, 2010a, p.132)으로 경제를 위한 가능성의 조건을 구성한다. 여기서 경제는 국가에 의해 지속적으로 제정되고 재정비되며(Lazzarato, 2009), 지원되고, 변형되는 "조절된" 행위들의 앙상블이다. 이전의 광기와 일탈 행위처럼 새로운 대상과 주체는 "진리 체제에 편성된 순간부터 이루어지는 모든 실천의 접합"(Foucault, 2010a, p.19) 안에서 생산된다. 여기서 진리는 경제와 국가 모두에 의해 말해진다. 우리가 신자유주의라고 부르는, 실천들의 접합은 "존재하는 어떤 것이 아니라 … 어떤 것이 되는 것"(p.19)이며 현실 속에서 "고압적으로" 표시되는 어떤 것이다.

신자유주의는 매우 특이한 방식으로 "신체의 정치 해부학"에 의존하는 통치 합리성이다. 이것은 개인, 제도, 국가가 "의지해야" 하고, "맞추어야" 하는 자원이며, 역동적 사회의 유연하고 기민하며 적극적인 시민의 새로운 재현이다. "기민함(agility) 담론은 확실히 신자유주의에 기인하며, '공식적으로 행위자들의 자율적 특성을 해치지 않으면서 다양한 행위자들의 품행을 형성하는'(Miller & Rose, 2008, p.39) 지금의 통치성으로, 거버넌스의 한 형식으로 이해될 수 있다(Gillies, 2011, p.219). 이와 관련해 밴더 스키(Vander Schee, 2009)는 "개인들은 자신의 삶을 관리할 완전한 기회를 제공받는다"(p.558)라고 말한다. 이것은 모두 "나쁘거나" 또는 "더 나쁜" 것이 아니라 "위험"할 수 있다.

여기서 신체들은 단순히 "유순"하지 않으며, 더욱 은밀하게 "규율화된 자기 관리"(Ozga, 2009, p.152)의 양식에 관여되어 있다. 이러한 자기 관리는 자본주의의 요구에 재빠르게 맞추어 자신을 건강하고, "준비된", 적응적이고 행동하는 사람으로 만드는 것이다. 이는 "사회적인 것의 새로운 지형학에 따라 착취와 지배의 사회적 메커니즘을 재설계하는 것"(Lemke, 2000, p.14)이다. 복지국가에서 신자유주의 국가로의 이동은 책임감의 재분배와 자기 통치(self-government)라는 새로운 통치 양식의 출현을 수반한다. "행동주의(activism)와 책임감이 … 생물학적 시민의 의무의 일부가 되었다. 생물학적 시민들은 질병을 최소화하고 건강을 극대화한다는 이름 아래 … 자신이 질병에 걸리기 쉬운 소인이 있는지 등에 관해 알아야 하고, … 적절한 조치를 취해야 한다"(Rose & Novas, 2004, pp.402-403).

삶이 "선택의 결과로 합리화될 수 있다면"(Rose, 1996, p.57), 의미 있으며 가치 있는 것으로 만들어진다. 또한 권한 부여와 의무는 계속된다. 코칭, 상담, 멘토링 등과 같은 자립 매뉴얼의 계산하는 테크닉을 통해서, 우리는 "잘하고 있는지"를 확인하고자 우리 자신에게 "시선"을 돌리고, 우리 자신을 평가하며, 스스로를 "자신의 전문가"로 만든다(Rose, 1996). 우리는 심리학 기반의 혼종 지식을 통해 자신에 대해 배우고, 자기 고백한다. 그러한 지식은 우리가 정신과 신체의 "완벽한 코드"에 부응하기 위해 노력할 때 가장 우선적으로 고려된다. 비록 이것이 분명히 계급화되고 젠더화된 "우리"라고 할지라도 말이다.

"혁신", "기업", "책임", "활동"이 가치 있는 인간의 역량으로서 가치가 없다는 의미가 아니다. … 오히려 [그것들은] 기업가적 자아라는 프레임에 포함되는데 … 확장된 자본주의 시장 질서에서 교환 관계의 성과와 관련하여 세밀하게 상상된다(Kelly, 2006, p.29).

시장화된 관계와 맥을 같이 하는 사회적인 것의 교묘한 경제화
는 이제 만연한 과정이 되었다. 이 과정에서 주체성은 시장의 매
트릭스에 빠르게 결합되기 때문에 비영토화된 저항을 위한 실천
공간을 찾는 데는 어려움이 있다(Venn & Terranova, 2009, p.4).

신자유주의는 사업체 내의 경쟁과 착취의 실제적 관계에서뿐만 아
니라, 일상적 삶의 제도들에서 매우 일상적이고 즉각적인 방식들로 실
현된다. 그들은 우리의 언어와 목적, 결정, 사회적 관계들을 통해 말하
고 행동하며, "우리에게 작용한다." 이들 실천과 그에 수반된 국가의
형식, 양태들의 변화를 생각하면서 우리는 우리가 신자유주의에 의해
서 어떻게 "개조"되고, 다양한 교육 노동자 또는 학습자들로 만들어지
는지에 대해서도 검토할 수 있다. 가장 내밀하고 친밀한 곳에서, 신자
유주의는 사회적 관계, 교육적 실천과 경험을 시장에서의 상품처럼 계
산 가능성과 교환으로 변환한다. 신자유주의는 경쟁 논리에서 형성된
"새로운 유형의 개인"에 의해 가능하게 된다. 새로운 개인은 계산하고
유아론적이며 도구적으로 행동하는 "기업가적 인간"으로, 국가와 자신
과의 관계를 "재도덕화(remoralization)"(Peter, 2001, pp.59-60)한다. 이
는 "특정 행위의 비용과 이익을 합리적으로 평가하는 것을 뜻하는 도
덕적 자질을 갖춘 책임감 있는 개인을 구성한다"(Lemke, 2000, p.12).
예를 들어 부모의 선택과 관련한 연구는 오늘날 교육에서 이러한 유형
의 책임감 있고 헌신적인 개인주의를 보여 준다(Vincent, 2012 참조).
책임감 있는 부모는 선택을 자녀의 미래 삶과 관련지어 계산한다. 이
것이 바로 신자유주의 존재론으로 " … 유일한 실제 행위자는 마치 기

업가와 같은 개인이어야 한다"(Foucault, 2010a, p.173). 개인, 기관, 우리의 사회적 관계는 기업의 축소판이며, "자본의 분자 알갱이 같은 개인의 기능"에 근거하여 조직된다(Lazzarato, 2009, p.121). 이것이 "삶 그 자체의 재개념화"이다(Venn & Terranova, 2009).

신자유주의 통치성은 "건강하고 생산적이며 유연한 인구"를 생산하도록 작동하며, 이들은 "지속적인 교육적 교정을 통해 이익을 생산하는 능력"을 갖춘다(Bernstein, 2001a, p.365). 전 생애에 걸친 평생 교육을 통해 반복해서 기존의 습관을 잊고, "탈학습(de-learning)"(Bauman, 2004, p.22)에 열중하도록 한다. 실제로 구성되는 것은 새로운 학습과 정책의 존재론이며, 우리의 신체와 주체성을 학습의 요구에 따라 형성하는 매우 정교한 "자아의 테크놀로지"이다. 이는 "존재 방식에 대한 '감각'과 '감수성', 즉 필요한 감정과 도덕을 발달시키는" 것이다(Colley, James et al., 2003, p.471). 평생 학습자는 새로운 도덕적 환경에서 산다(Hayden, 2004). 이 환경은 가치, 사회적 관계, 자기 가치가 기업가적 삶과 단단히 얽혀 있으며 "기업이 '좋은 삶'의 원리로서 자리 잡고 있다"(Edwards, 2002, p.357). 실제로 "기업의 '경제 정치(the economic politics)'는 경계 없이 모든 장소에 적용되는 것처럼 보인다"(du Gay, 2004, p.40). 그뿐만 아니라 적용 대상에도 경계가 없는 것 같다. 이런 정치의 내부에서 우리는 "삶의 학습자로서 언도받는다"(Falk, 1999). 우리는 "학습 사회"를 향해 가차 없이 움직이고 있으며, 이 사회에서 "모든 성인은 개인의 학습 계획을 가지고, 선택된 멘토에 의해 기록되고 감독된다. 또한 모든 조직은 학습 조직을 추구한다"(Keep, 1997, p.457). 번스타인의 용어(2001a)로, 이는 "총체적으로 페다고지화된 사회(totally pedagogized society)"이며, "삶의 페다고지화(pedagogization of life)"2) 이다. 여기서 학습은 끊임없이 수행되는 활동으로, "국가는 모든 공간과 시간을 페다고지화 하고자"한다(Bernstein, 2001a, p.377). "우리의 역량 증가가 반드시 강화된 예속의 대가로 구매되어야 하는지 여부"(Burchell, 1996, p.34)에 대한 문제가 반복되고 있다.

보다 통상적으로는 라자라토(Lazzarato, 2009)가 제안한 것처럼, 신자유주의는 상호 연관되어 있고 상호 의존적인 다섯 가지 상태에 의존한다. 그것은 개인화(individualization), 불평등(inequality), 불안정(insecurity), 탈정치화(depoliticization), 금융화(financialization)이다. 이들은 "사회적인 것의 정치학"과 복지국가의 원리를 대체하는 존재론적 프레임을 구성한다. *개인화*는 앞에서 다루었다. *불평등*은 시샘, 분투, 경쟁의 근간이다. 이는 "욕망과 본능은 주어지지 않았다"라는 라자라토의 지적처럼, 오직 불평등만이 개인을 경쟁자로 내몰며, 욕망, 본능, 정신을 첨예하게 하는 능력을 갖는다"(p.117). 그러나 하이에크(Hayek)와 같은 시장론자들은 본능이 "선천적"이라고 주장한다. 신자유주의는 우리로 하여금 경쟁하도록 유도하고 "자유를 소비하라"(Lazzarato, 2009, p.120)라고 말한다. *불안정*은 책임감과 기업 모두의 기반이다. 우리는 우리 자신의 요구와 행복, 위기와 불확실성을 다루고, 불안정으로부터 자신을 보호할 책임감을 가져야 한다. 더 이상 국가에 의존할 수 없다[검약주의(prudentialism)에 관해서는 O'Malley, 1996 참조]. 우리는 두려워하고 그 때문에 적극적이다. 신자유주의는 라자라토(2009, p.120)가 "사소한 공포들의 미시 정치(micro-politics of little fears)"라 부른 것을 생산한다. 이는 통치의 '정동적(affective)' 기반이다. 불안정성(precarity)은 신자유주의 사회의 기본 조건이다. 우리의 감정은 우리의 불안과 (위에서 언급한) 그에 따른 자기 관리 그

---

2) [역주] 여기에서는 pedagogization을 교육화(educationalization)와 구분하여 '페다고지화'로 쓴다.

리고 최소한의 보호처이자 최후의 수단인 국가를 매개로 경제와 연결된다(Foucault, 2010a, p.149). *탈정치화*는 때로는 집합적인 경험의 조건을 개인의 문제로 간주하고, 정치적 및 경제적 결정을 개인의 실패와 책임으로 대체하는 식으로 작동한다(Hall, 1989; Apple, 2012 참조). 마지막으로 *금융화*는 다양한 방식들과 연관이 있다. 예를 들어 노동 안정성과 국가 연금을 위험을 수반하는 개인 투자로 바꾸며, 동시에 우리를 저축가나 출자자로 취급하고, 임금 노동자와 자본가의 차이를 모호하게 만든다. 금융화는 우리 모두를 직, 간접적으로 은행과 투자 레짐에 의존하게 만든다. 우리는 불안정한 미래와 관련하여 우리 자신을 계산해야만 한다.

이와 함께 세금 부담이 "기업으로부터 개인 임금 노동자에게"(Peters, 2001, p.59) 옮아간다. 이는 "다양한, 아마도 상반된 합리성들로 찢긴 이중의 내적 '정신분열증' 상태로 각각의 개인을 분할한다"(Lazzarato 2009, p.125). 이들은 다시 *개인화*와 *탈정치화*와 상호 관계를 맺는다. 이러한 과정은 하비(Harvey, 2005)가 "탈취에 의한 축적"이라 지칭한 양상이라고 생각할 수 있다. 탈취에 의한 축적이란 공적으로 또는 공동으로 소유한 자산과 자원을 식민화, 민영화, 금융화를 통해 사적 소유로 재분배하는 것을 말한다. 이는 사회적 갈등을 파편화하고 특수화하는 효과를 지닌다. 집합적 이익은 경쟁 관계로 대체되고, 일반적으로 중요한 문제에 노동자를 동원하는 것을 점점 어렵게 만든다. 전문적인 집합적 가치는 상업적 가치로 대체되고, 전문가들은 자신들의 전문지식과 판단을 탈취(奪取)당한다. 또한, 금융화는 국가와 자본이 새롭게 관계를 맺는 다양한 방식을 보여 준다. 예를 들어, 국가는 이익과 경쟁의 논리에 따라 공공서비스를 개방한다(Ball, 2012 참조). 이처럼 국가는 스스로를 이윤을 위한 기회의 공간으로 바꾸고 *나아가* 시장 이미지로 개혁하고자 한다(아래 참조). 앞서 지적한 바와 같이, 이러한 자율적인 개혁을 통해 국가는 경제와 국가의 경계와 정의를 변화시킨다. 통치성이란 "국가의 내부와 외부에서 행해지는데, 그것은 국가가 할 수 있는 것과 할 수 없는 것을 지속적으로 정의하고 재정의하는 통치 전술이기 때문이다"(Gorden, Miller et al., 1991, p.103). 이들 중에서 21세기에 들어 국가는 규율 체제를 기업에 "외주"하는 동시에 권력/지식의 구조, 특히 규율 통치의 오랜 보루였던 전문직을 해체하였다. 이로 인해 인구를 관리하는 비용이 재조정되었고 재분배되었다(2장). 이들 다섯 가지 신자유주의의 근거는 오늘날 고등교육의 거의 모든 부분에서 발견할 수 있으며, 정도의 차이는 있지만, 현대 교육의 모든 형태에서 다양한 방식들로 드러난다(Ball, 2012). 다음 장에서는 리오타르(Lyotard, 1984)와 버틀러(Bulter, 1990)에게 경의를 표하며, 내가 *수행성*(performativity) 방법이라 불렀던 것을 확인해 볼 것이다. 고등교육을 그 사례로 다룬다.

수행성의 재검토: 신자유주의 대학을 살아가기

… 개인의 효율적인 규율적 예속이 진리의 조건과 효과라고 할 때, 진리를 주장하는 개인은 어떤 대가를 치르는가?(Burchell, 1996, pp.33–34).

우리와 같은 사회에서의 진정한 정치적 과제는 중립적이고 독립적으로 보이는 제도의 작동을 비판하는 것이다. 또한 제도를 통해 늘 모호하게 행사되는 정치적 폭력을 폭로하고, 그것에 대항하여 싸울 수 있는 방식으로 그들을 비판하고 공격하는 것이다 (Chomsky, Foucault et al., 2006, p.xx).[3]

수행성의 본질은 우리 자신을 기억 가능한 존재보다 계산 가능한 존재로 만드는 것이다. 수행성 체제에서 경험은 중요하지 않으며, 생산성만이 전부이다. 지난해의 노력은 더 많은 연구물, 더 많은 연구비, 더 많은 학생과 같은 개선을 위한 기준이다. 우리는 계속해서 나아가야 하고, 좋은 평가를 받을 수 있도록 새롭고 다양한 목표를 달성하기 위해 노력해야 한다. 또한 우리의 약점을 고백하고 마주하며, 적절한 자신의 가치를 제고할 수 있는 전문적 발달을 도모해야 한다. 오플린과 피터슨(O'Flynn & Petersen, 2007, p.469)의 "표적화된 자아(targeted self)"나 지(Gee, 1999)의 "변신하는 포트폴리오 인간"을 목표로 해야한다. *수행성*은 신자유주의적 통치의 핵심 메커니즘으로 간섭이나 지시 대신 비교, 평가, 자기 관리를 활용한다. 점점 학자의 모든 것들이 평가가 가능한 것이 되고, 새로운 "진리들"과 가시성의 주체와 대상, "무자비한 호기심"의 대상이 되었다. 벤과 테라노바(2009)는 "시장의 '삶'은 수학적 공식에 따라 점점 지수화되고, 형식화되며, 가상화된다고 주장한다. 그리고 이는 일련의 의사소통 양식으로 구체화되고 현실화된다. … 시장은 스스로 보다 추상적이고 기계적이며 … '차갑고' '계산하는 것'이 되어간다. … "(p.9). 우리의 하루하루는 문자 그대로 숫자로 바뀐다! 여기에서 경제적 착취는 "몸에 대한 정치적 투자"(Foucault, 1977, p.25)의 형식을 취하며, 지식 경제에서는 몸과 마음 모두에 대한 정치적 투자 형식을 띤다. 모두 더 많은 학생과 더 많은 수업을 담당하고, 산출물인 지적 생산성이 경제적 착취에 보다 직접적으로 "영향"을 미치고 상업적으로 활용되도록 채근당한다. 이는 연구자의 상품화를 초래한다. 수행성은 우리 스스로 위치할 것으로 기대하

---

3) [역주] 인용 쪽수는 p.xx가 아니라 p.41이다.

139

는 지표와 목표를 통해 작동한다. 그러나 종종 우리는 일하면서 자신을 어떻게 조직해야 하는지에 대한 불확실성을 생산한다. 우리는 "새로운 힘과 자유의 다이어그램"(Rose, 1996, p.55) 안에서, 바우만(1996)의 표현으로는 "우연성의 시대"에 일하고 있다. 지속적인 독려와 계산의 결과로 인해 많은 사람의 존재론적 불안감이 커지고 있다. 우리는 우리가 하는 것의 의미뿐만 아니라 우리가 하는 일 중에 무엇이 중요한지에 대한 의미 또한 상실했다. 쇼어와 라이트(Shore & Wright, 1999)는 한 걸음 더 나아가, 이러한 불확실성은 공적 영역의 안정을 깨는 전술이라고 주장한다. 우리는 투명하면서도 비어 있어서 스스로를 인식할 수 없는 위험 상태에 있다. "나는 스스로 되고자 기대한 모습과 관련하여 나 자신에게 확실히 타자이다"(Butler, 2004, p.15).

우리가 점점 더 자신의 실천을 보고하고 기록하는 것에 자발적으로 적응함에 따라, 대인 관계의 구조는 "사회적 관계를 인식할 수 있는 기준"이 되는 정보와 성과 지표로 대체된다. 우리는 모든 학문 활동을 판단하는 "영원한 경제적 법정"(Foucault, 2010a)에 세워진다(Simon & Masschelien, 2006). 더 나아가 개별화된 교육 기관들은 학생 모집과 성과를 둘러싸고 서로 경쟁한다. 교육적 일터 또한 조직에 '포함'되기보다는 조직과 "함께" 그리고 조직을 "위해" 존재하는 초단기 프로젝트, 프리랜서, 컨설턴트, 대리 노동자, 고정된 기간 계약 등의 새로운 노동자들로 채워진다(Wittel, 2001, p.65). 사회적으로 연대하여 행하는 교육 활동은 일시적이고 포기 가능하며, 형식적이고 유동하는 것이다. 이런 액체성 안에서, 근대 학계의 사회적 관계는 "확실하게 분해할 수 있게"(Bauman, 2004, p.22) 되었으며, "수익"을 낳는 "투자 대상"으로서 상품이 된다. 수행성은 기존의 진리와 목적을 전복하고 우리를 다른 방향으로 이끄는 "새로운" 도덕 체계이다. 수행성은 우리 자신은 물론이고 다른 사람의 성과에 대해서도 책임지도록 한다. 우리는 성과에 대한 책임감이라는 부담을 지게 되었으며, 만약 그렇게 하지 않는다면 우리는 무책임한 사람으로 간주될 위험이 있다. "우리를 통치 가능한 주체들로 바꾸는 두 가지의 테크놀로지가 있는데 그것은 *행위자* (agency) 테크놀로지와 *성과*(performance) 테크놀로지이다"(Davies & Petersen, 2005, p.93). 우리는 억압되기보다는 생산되며, 억제되기보다는 독려받는다. 브로드헤드와 하워드(Broadhead & Howard, 1998)의 지적 처럼, 우리는 때로 이 모든 것들에 어쩔 수 없어서가 아니라 "창의적 이고, 적극적이며, 경쟁적으로" 참여한다. 이때 우리는 자신의 가치에 대한 감각과 타자의 가치에 대한 자신의 추정을 고려하면서 더 열심 히, 더 빨리, 더 낫게 일해야 한다는 책임감을 느낀다. 책임감 있는 기 업적 존재는 "변화를 위한 지렛대일 뿐만 아니라 될 수 있는 것을 제 한한다"(Hatcher, 1998, p.382). 이들 규제 테크닉과 자기 규제는 도덕적 이고 지적인 의무가 경제적인 것 – "모든 것은 단지 실현되거나 기대하 는 가치의 총합"(Slater & Tonkiss, 2001) – 에 종속된(Walzer, 1984) '심 층적' 사회적 관계를 재형성함으로써 공공 서비스에 대한 새로운 에피 스테메를 창조한다(Leys, 2001, p.2). 가치는 가치들을 대체하고(Peters, 2003, p.17), 우리에 대해 말해진 진리들은 진리에 대한 우리의 관심을 대체한다. "진리 말하기"의 위험은 미뤄지거나, 침묵으로 대체된다 (Tamboukou, 2012 참조). 신자유주의적 주체는 헌신적이고 원칙적이기보 다 변화 가능하고 유연하다. 탐보우코우(2012)는 푸코의 *파르헤지아* (Parrhesia, 진리 말하기)와 아렌트(Arendt)의 *파리아*(pariah)를 다룬 논의 에서 다음과 같은 적절한 질문을 제기했다. "'암흑기'를 지나올 때, 진 리 말하기 문제에 관한 학문의 역할은 무엇인가? 진리 말하기가 하나 의 문제, 질문거리로 인식될 수 있는 조건은 무엇인가? 학자로서 우리가 할 일이나 자제해야 할 것의 효과를 어떻게 구체화할 수 있는가?" 이러한 질문은 나중에 다루게 될 자유, 윤리, 저항의 형태와 가능성에 관한 것이다.

새로운 주체는 진실한 개인보다는 생산적 개인을 말하며, 이들은 기업식으로 개조된 공공 영역의 중심 자원이다. 이력서가 연구 경제에서 거래되고, 개인은 스카우트되고, 가장 높은 값을 부른 입찰자에게 자신을 판다. 연구 경제에서 팔리기 위해서는 특정한 기술들이 필요한데, 예를 들어 자신을 최고로 그리고 그럴싸하게 만들어 프레젠테이션하고 뻥튀기하는 기술이다. 우리는 따지지 않고 연구비를 얻고자 한다. 누가 연구비를 대느냐 그리고 연구 주제가 무엇이냐는 따지지 않는다. 우리는 "기업가적 연구자"(Ozga, 1998)가 되어 간다. 성과가 낮은 연구자들은 도덕적 승인의 대상이 되며, "사소한 공포"의 전제(專制)적 지배를 받게 된다. "보조를 맞추는 것"이 어려운 연구자들을 "지원"하고 격려하는 제도는 계속해서 도덕적 규제의 위기에 직면해 있다. 성과의 힘과 살벌한 논리 그리고 그것의 "점잖고 전지전능한(modest and omniscient)"(Rose, 1996, p.54) 실천은 피하기 어렵다. 그렇게 하는 것은 적어도 어떤 의미에서는 우리 자신을 배반하는 일이자, 동료와 학교를 실망시키는 일이다. 이것은 다른 종류의 "분리 실천"인데, 이는 성공적이고 생산적인 사람들 즉, '포함된 사람들'을 확인하고, 평가하며 보상하는 방식으로(Miller & Rose, 2008, p.98), 그리고 "시장 이미지"로 자신을 새롭게 만드는 데 실패한 사람들을 내쫓거나 바꾸는 식으로 작동한다(Gillies, 2011, p.215).

이때 성과 체제가 옛날보다 더 나은 나, 심지어 우수한 나보다 더 뛰어난 나, 다른 사람들보다 더 좋은 내가 될 가능성을 제공한다는 점을 인식하는 것이 중요하다. 수행성은 단순히 억압의 테크놀로지가 아니며, 그것은 적어도 어떤 사람들에게는 만족과 보상의 테크놀로지이다. "신자유주의적 관리주의의 언어와 실천은 매혹적이다. 그들은 새로운 종류의 성공과 인정을 위한 근거를 마련한다"(Davies & Petersen, 2005, p.1). 실제로 수행성은 우리가 요구받는 것을 스스로 원할 때, 우리의 욕망과 자신의 도덕적 감각이 즐거움과 일치할 때 가장 잘 작동한다. 이런 점에서 수행성은 개인을 기업가로 만드는 것이다. 기업가는 "시장에서 적절한 것으로 정의된 것을 맹목적으로 추구(Falk, 1999)"하며, 성과의 시장에서 통용되는 생산 단위로 자신을 극대화한다.

수행성은 교수와 학습을 계산 가능성으로 바꾸는 데 결정적인 기여를 하며, 나아가 선택자를 위한 시장 정보를 생산한다. 또한 국가로 하여금 성과가 낮은 사람을 "쫓아내도록" 하며, 모든 종류의 교육적 일들을 달성해야 하는 성과가 명시된 계약으로 전환하는 것을 가능하게 한다. 계약은 "외주 방식"으로 행해지는데, 민간 사업자들에게 경쟁 "입찰"하도록 개방될 수 있다. 이미 말했듯, 계약은 (제도적, 국가적 차원의) 거버넌스의 문화와 구조를 재편한다. 그리고 공공 서비스 노동자의 서비스 관계와 의무 또한 재편하게 된다.

영국의 연구 수월성 지침(Research Excellence Framework, REF)은 이 모든 것의 너무나 완벽한 사례를 제공하고 있다.4) 학술 활동과 글쓰기는 REF 범주의 요구와 처방에 꼼꼼히 "맞물려" 있으며, 지침은 지식의 가치를 평정하고 그것을 구체적인 연구비 수준으로 변환한다. 우리의 하루하루는 "넘치는 규율 메커니즘"(Foucault, 1979, p.211)에 일상적으로 반복적으로 촘촘하게 예속되어 있다. 잉글랜드 고등교육재정위원회(HEFCE, 2009, p.8)는 "우리는 단위 내 개별 연구자의 행동"을 포함하

---

4) [역주] REF는 영국의 고등교육 기관에서 수행된 연구의 질을 평가하기 위한 제도이다.

여 "세 수준에서 연구자에게 기대하는 행동을 장려하기 위해 REF를 활용할 것이다"라고 하였다.5) 올센은 REF를 "재정에 대한 책무성으로부터 연구된 내용과 그 실제 쓰임에 대한 통제로의 새로운 변화"(Olssen, 2011, p.345)라고 주장한다. 대학이 국가로부터 독립성을 지키던 최후의 보루가 무너진 것이다.

그러나 학문적 주체들은 "생각하고 행하는 데 필수적인 것으로 간주되던 것"(Burchell, 1996, p.32)에 의문을 제기할 수 있고, 그들을 개조했던 새로운 진리 게임을 전복하고자 하는 분석적 수사와 가능성, 실존 양식의 레퍼토리를 가지고 있다. 또한 "진리 말하기의 새로운 방법을 고안하고 궁리할"(Blacker, 1998, p.32) 여지도 아직 남아 있다. 블랙커(Blacker)는 푸코를 "지금과 같은 대학의 제도적 상황에서 연구에 참여하는 지식인들을 위해 준비된 재단사"(p.348)라고 생각했다.

주체성으로 돌아가자: 윤리, 저항 그리고 자유

우리는 역사적 현재 속에서 현재에 대한 비판을 가능하게 하는 윤리적-정치적 관점을 분명히 하고 정당화하는 방법을 어떻게 찾을 수 있을까? 푸코의 비판은 우리가 이러한 의문을 갖게끔 만든다. 그는 어떤 질문에도 결코 완전히 대답하지 않았다(Bernstein, 1994, pp.234-235).

우리는 푸코의 모든 연구를 다루고자 했다. 그의 마지막 시기 연구는 여러 면에서 어렵고 혼란스럽지만 매혹적이다. 1장과 앞에서 지적

---

5) [역주] 평가는 산출물(outputs), 영향(impacts), 환경(environment)의 세 수준에서 이루어졌다.

했던 대로, 마지막 연구는 이전의 주제나 관심과 비교할 때 권력의 "강화"를 보다 강조했으며 연구 방법을 수정했다. 실제로 푸코는 놀랄 만한 방식으로 자신의 초기 연구를 수정했다. 그 결과 "푸코의 글은 초기보다는 후기부터 읽는 것이 더 좋다고 제안하는 일이 생겨났다"(Encyclopedia of Philosophy). 1982년까지 푸코는 그의 연구에서 상당히 중요한 의미를 갖는 자아 구성(self-constitution)에 대한 개념 틀을 정교화했다. 그의 초기 연구는 담론적 실천과 권력관계에 의한 주체의 형성에 지나치게 집착한 것으로 보였다(Defert & Ewald, 2001, p.177, p.225). 이를 프라도(1995, p.46)는 푸코가 "마비된 교착 상태"에 처했다고 했는데, 푸코는 그 상태로부터 다양한 "출구"를 제시하고 탐색했다. 베슬리(2005, p.78)는 "푸코는 후기 연구에서 진리 게임을 강제적 실천으로 강조하는 것이 아니라, 자아 형성을 위한 금욕적 실천으로 다룬다"라고 주장한다. "금욕적(ascetic)"이란 "자신을 발전시키고 변형하여 특정 존재 상태에 도달하기 위한 시도로 자신에 대한 자신의 훈련"(Foucault, 1997b, p.282)을 의미한다. 늘 푸코는 그 자신이 새로운 윤리적, 정치적, 학문적 실천의 전형이었다. 그는 죽음이 임박했다는 생각으로 그러한 실천을 더욱 절박하게 생각했다. 스미스(Smith, 2007)는 푸코가 "파놉티콘이나 총체적 기관(total institution) 같은 생생한 상징이 의미하는 가능성에 대한 거대한 제약을 기술하면서도 자신과 세계를 형성하는 것에 성찰적으로 관여하는 삶을 살았던 것으로 보였다"라고 평했다.

푸코는 "진리 말하기"의 계보학에 대한 연구를 통해서 주체란 (참이나 거짓으로 간주되는 것을 결정하는) 담론적 실천, (타자의 품행을 통치하는 합리성과 테크닉으로서) 권력관계, (주체로서 자신을 구성하는 개인을 통한 자아의 실천으로서) 윤리와의 관계를 통해 구성되기고 하고 스스로를 구성하기도 한다는 입장에 이르렀다.6) 이때 윤리는 개인이 자신과 맺는 관계에 관한 것으로, 다른 형식의 자기 통치이자 주체의 행동이 가능한 장을 구성하고 형성하는 것을 지칭한다. 이는 유순한 몸으로부터 벗어나는 주체성의 역설을 의미한다. 그러나 여전히 "[주체는] 강제하는 테크닉과 자신에 의해 구성되고 수정되는 과정 사이에서 서로 보완하고 갈등"(Foucault, 1993, p.204)하고 있다. 푸코는 후기 연구에서 "개인은 규율 권력의 담론적 관계에 의해 주체로 만들어지며 그것에 예속된다. 그러나 그렇게 만들어진 주체로서 자신은 스스로를 다르게 만드는 실천에 자의식적으로 관여할 수 있다. 주체는 행동한다. 그러나 자신은 주체화(subjectivation)의 한계에서 행동한다"라고 주장했다(Youdell, 2006, p.42). 이를 사위키(1991, p.175)는 "권력관계의 유동성, 가역성, 가변성"이라고 했는데, 이는 다소 과장된 것이라고 할 수 있다. 푸코가 근대적 주체에 대한 자신의 비판과 윤리에 대한 설명 사이의 개념적 적합성에 대한 명확한 입장을 설명할 시간이 있었는지는 논란거리이다.

그의 마지막 지적 활동은 정치적으로 다르게 읽힐 수 있다. 일부 비평가들은 푸코가 허무주의의 한 형식으로서 윤리와 자기돌봄에 관심을 두었다고 보았다. 그들은 이러한 관심을 근대 정치의 한 양식으로 간주하는 것에 반대한다. 즉, 근대적 권력에 대한 반응이자, 지식인의 실천, 자아 형성, 정치적 관여 사이의 일련의 관계들에 대한 반응으로 보는 것에 반대한다. 그러나 푸코는 계보학이 정치적 도구이자 자기 형성의 수단으로 이용될 수 있음을 지적하였다. 그것은 "일상적으로" 행동하고 생각하는 것을 더욱 어렵게 하는 방식이다. 그리고 자기 자신과 타자와의 관계 그리고 우리의 존재 가능성을 재고하도록 하는

---

6) 이것은 1982−1983년 강의인 『자아와 타자의 통치』의 프레임이다.

방법이다. 그가 *자기 수련*으로 묘사한 것은 우리를 "윤리적이고 합리적인 방식으로 철저하게 세상과 마주"(Foucault, 1983a)할 수 있도록 하는 자기다움의 스타일이자 태도이며 실천이다. 그것은 "영원한 아고니즘"에의 헌신이다(Burchell, 1996, p.34).

우리 자신의 비판적 존재론은 이론이나 교의가 아니며 축적된 항구적 지식체로 고려되어서도 안 된다. 그것은 '우리는 누구인가'에 대한 비판과 함께 우리에게 가해지는 한계들과 그것을 넘어서려는 가능성의 시도에 대한 역사적 분석인 태도나 에토스, 그리고 철학적 삶으로서 인식되어야 한다(Foucault, 1984b, p.118).

앞서 살펴보았듯이, 푸코는 계보학적 작업을 통해 당연하게 여긴 권력의 행사를 드러냄으로써 그 권력의 행사를 "참지 않을 수도 있음"을 밝혔다. 그는 권력의 행사가 일상의 평범하고 친밀한 것으로서 자신을 은폐할 때 지속될 수 있다는 점을 지적했다. 물론 지식인들에게만 해당되는 것은 아니지만, 지식인의 임무 중 하나는 사람들이 권력의 행사를 당연하게 받아들이지 않도록 하는 것이다. 그리고 권력의 행사를 다르게 볼 수도 있음을 이해시키는 것이다. 이것은 우리가 처한 한계에 대한 분석이자 실험을 포함한다. 그것은 "친숙한 사고방식을 벗어던지고 같은 것을 다르게 바라보는 결단력"이며, "중요하고 근본적인 것의 전통적 위계 구조에 대한 신봉의 약화"(Foucault, 1988a, p.321)를 의미한다. 이는 자신에 대한 그리고 자신을 위한 돌봄 활동과 버첼(Burchell, 1996)이 말한 "탈출(ways out)"(p.30)의 모색을 포함한다. 이러한 일은 "현재를 뒤집어 놓는"(p.31) 활동인 "세상이란 발명된 것"(p.30)이라는 생각을 발전시킴으로써 가능하다. 이에 대해서는 2장과 3장에서 살펴보았다.

　버첼의 지적처럼 이것은 현재의 "재문제화"를 포함한다. 재문제화
란 "자신의 출발점 좌표를 해체하고, 다른 경험의 가능성에 주목하는
것이다"(p.31). 지적인 작업의 윤리는 "진리에 대한 관심"(p.31)과 "존
재에 대한 관심"(p.33) 모두에 의존한다. 전자는 진리의 역사성, 관례
적 사고방식의 폐해, "진리 게임"을 위한 새로운 양식, 공간, 행위자, 규
칙을 인식할 것을 요구한다(아래 Youdell & Allan 참조). 피냐텔리
(Pignatelli, 1993, p.425)는 "예상하지 못한 개방과 가능성에 기민한 유연
함과 세련된 잠정적 태도"에 관해 쓰면서 이 문제를 매우 산뜻하게 다
루었다. 후자는 "존재하는 것은 존재의 가능성을 고갈시키지 않는다"라
는 것을 인정하는 것이다(Burchell, 1996, p.34). 이들 관심은 우리로 하
여금 현재에 무엇을 잃고, 무엇이 분명하지 않으며, 무엇이 희생되는가
와 같은 가능성의 한계로 인한 "비용"에 주목하도록 한다. 진리와 존재
의 관계는 특정 자유의 가능성에 관한 경계를 설정한다. 그 하나는 구
체적 존재 상태는 아니지만, 되어 감의 투쟁이자, 끝없는 재발명의 노
력이며, 역량과 제약, 한계와 위반 사이에서 벌어지는 투쟁의 끊임없는
노력이다. 이는 "우리가 되어야 했지만 결코 되지 못했던 것이 다시 되
기 위해서"(Foucault, 2004, p.95)이다. 이는 "잠정성(provisionality)"에 관
한 유델(2006)의 지적과 관련된다. 어떤 것은 힘든 노동을 통해 얻어지
고 또는 얻어져야 하는 것이다. 그리고 이 노동은 결코 끝나지 않는다.
이러한 노력의 핵심은 "어떻게 하면 이런 식으로 통치당하지 않을
까!"(Foucault, 1997c)이다.

　다시 말하지만 이러한 푸코는 푸코의 연구를 활용한 대부분의 교육
연구에서 재현된 푸코와는 전혀 다르게 읽거나 읽힐 수 있는 푸코이
다. 푸코 연구를 이용한 대부분의 교육 연구에서는 권력관계로부터 자

신을 자유롭게 할 가능성이 없음을 강조하는 경향이 있으며, 권력의 생산적 성격을 인식하는 데 실패하였다. 마지막, 이후의 미완성 작업에서, 주체성, 윤리, 저항, 자유는 복잡하고(그 단어를 다시 사용하기 위해) 다층적으로 서로 얽혀 있으며, 철학적으로 하이데거(Heidegger), 칸트(Kant), 소크라테스(Socrates)에 근거하고 있다(Peters, 2000, 2003; Tamboukou, 2012). 푸코는 본질적 자아와, 자아를 "발견하는" 과정으로 자아를 이해하는 근대적 자아를 거부하는 것에서 시작한다. 오히려 돌봄의 실천을 통해 자아를 생산하고, 실험하고, 만드는 것이라고 생각했다. 우리는 흔들릴 수 있고 스스로를 뒤흔들 수도 있다. 이는 사고 체계, 조직, 실천 그리고 "지금 우리의 정체성, 우리가 생각하는 것, 우리가 하는 것"(Foucault, 1984a, p.32)은 전혀 필연적이지 않으며, 다르게 생각될 수 있다는 사고로 돌아가 보자는 것이다. 이 모든 것은 주체를 역사적으로 가변적인 것으로 만들고, "우리 자신을 변형에 개방하고자"(Taylor, 2011, p.112) 한 푸코의 노력에서 비롯되며 그에 의존한다. 푸코는 인터뷰에서 "(매우 단호한 어조로) 나의 역할은 사람들이 그들이 생각하는 것보다 더 자유롭다는 것을 보여 주는 것이다"(Martin, Gutman et al., 1988, pp.10-11)라고 말했다. 이것은 범죄, 주변성, "예속된 지식"의 회복에 대한 푸코의 관심과 관련이 있다. 또한 윤리의 문제와도 연결되어 있으며, "자아란 경각심, 용기, 인내를 통해 형성된다는 아이디어와도 연결되어 있다. 결과적으로 우리는 타자를 통치할 수 있게 된다"(Taylor, 2011, p.115).

이것은 자유의 기반이다. 자유는 "소명이자 금욕(asecesis)"(p.112)이다. 자유는 불확실성과 존재론적 불안정성의 조건 내에서 "특정 존재 상태가 아니라 우리 자신과의 관계"(p.112)를 말한다. 그것은 "인간 존재의 보편적 필요성에 대한 아이디어"(Martin, 1988, pp.10-11)에서 벗어나는 움직임이다. 자유는 절대 안정적이지 않으며, 언제나 실천되고 지속되며 빼앗기기도 한다. 이것은 푸코가 『광기와 문명』(Civilization)(2001b, p.240)에서 처음으로 사용한 "구체적 자유(concrete liberty)"(Defert & Ewald, 2001, p.449)이다. 자유는 궁극적 진리를 위한 투쟁이라기보다는 우리가 매일 직면하는 구체적 사안에 대한 반응으로, 취약한 공간에서 일어난다(Veyne, 2010, p.109 참조). 자유는 일상적 권력의 증식과 포화에 대항하여 "우리의 저항을 점점 더 섬세하고 강력하게 만드는"(Nealon, 2008, p.108) 효과를 지닌 일상적 저항이다. [저항은] "바로 '오늘', 특별한 문제나 여러 문제에 대해 분개하며 지금 그 자리에서 시작해야 하고, 비난이나 판단과는 다른 것이다"(Nealon, 2008, p.111). 거기에는 우리가 대응해야 할 효과가 있다. 이때 추상적 사고보다 전략적 지식이 중요하다. 전략적 지식은 윤리와 저항의 근간이다. "푸코에게 있어서 저항이란 권력관계에 내재된 것이었으며 그 자체가 자유로운 주체의 존재에 근거하였다. [푸코에게] 저항은 고립된 공상적 사건이 아니라, 오히려 지배 상태를 최소화함으로써 자신을 변형하는 수단이었다"(Butin, 2001, p.158).

저항은 역사의 한계 내에서 틀지어진 자유의 가능성을 창조한다. 그것은 푸코의 실천과 실천의 역사에 관한 논의에서 계속해서 반복된다. 말장난하자면 푸코는 저항하는 실천과 저항의 실천 모두를 포괄하는 저항을 말하였다. 그는 통치성의 잡다한 실천에 대한 저항에 관심이 있었으며, 우리에게 "~에 대한" 저항이 실천되는 방식과 저항이 권력에 대해 무엇을 말해 줄 수 있는지에 관심이 있었다. 이와 관련하여 푸코는 "서로 다른 권력의 형식에 대항하여 상이한 저항의 형식을 갖는다는 것을 출발점으로 삼는다. … 권력관계가 무엇인지를 이해하기 위해서, 우리는 저항의 형식과 권력관계를 해체하려 한 시도들을 살펴보아야 한다"(Foucault, 1983d, pp.210-211)라고 말한다. 푸코는 투쟁을 무익한 것이 아니라 생성적이며 유익한 것으로 여겼다. 또한 "저항을 유용하게 하는 것은 오직 굳어진 제도적이고 개인적인 권력관계에 저항하는 투쟁을 통해서"(Butin, 2001, p.173)라고 생각했다. 이 모든 일은 "객관성의 확립, 정치의 발전, 자아의 통치, 윤리의 정교화, 자아에 대한 실천"과 같은 자아에 대한 지속적이고 조직화된 작업과 현재의 위험에 대한 자각과 지속적인 비판적 성찰을 포함한다(Foucault, 1997a). 이들은 형이상학적 자아보다는 실천적 자아의 몫이며, 새로운 존재 양식의 실험을 위한 가능성의 공간을 구축할 수 있게 한다. "이러한 탐구적 태도에는 우리의 심층적 사고와 경험이 정치적으로 결정된 것이라는 생각을 넘어서려는 시도가 내재되어 있다"(http://savageriley,blogs pot.co.kr.uk/2011/11/art-zen-and-insurrection-finding.html). 그것은 지속적인 교란을 요구하고, 윤리적-정치적 선택을 하도록 하며, 평범하고 확실한 사람들의 "안정되고 끊임없이 단조로운"(Pignatelli, 1993, p.425) 일상에 잠복되어 있는 위험에 주목하고 우리의 말과 행동을 제약하는 것에 의문을 제기한다. "인간 자유의 원천"(Foucault, 1988c, p.1)은 "어떤 것이든 확실하고 의심의 여지가 없으며 명백하고 확고부동한 것으로 여기지 않는 것이다."

앞서 지적한 것처럼, 푸코의 후기 연구는 교육 연구나 교육사회학에서 거의 다루어지지 않았지만, 유델(2006)과 앨런(1999)은 푸코의 아이디어를 활용하여 아주 푸코주의자다운 연구를 수행했다. 그들은 정상과 비정상의 상호 작용에 주목했으며, 특히 권력관계가 주변부에서 갖는 의미를 분석하고자 했다. 또한 몸에 초점을 맞추었는데, 이는 "몸이 권력의 실천과 서로 얽히면서 저항의 실천에서 중심적 역할을 한다는 의미이다. … "(Oksala, 2007, p.85). 그들은 2장과 3장에서 다룬 계보학 논의를 이어 갔다.

유델(2006)은 "수행적 재기입의 정치"라는 형식으로 자기 수련을 교육에 적용하고자 했다. [수행적 재기입의 정치란] 학생들이 자신 그리고/또는 타자를 전에는 없었던 어떤 것이나 어떤 사람으로 만드는 "정치의 순간(moments of politics)"을 말한다(p.180). 그녀는 "재기입의 한계, 위험, 잠정성"도 놓치지 않았다(p.180). 그녀는 후기 구조적 정치가 "정치의 장으로서"(p.186) 학교에서 작동하는 방식을 밝히고자 했다. 특히, 교사의 실천과 성찰, 교수학습, 교육과정, 제도적 실천과 정책을 통해 어떻게 작동하는지를 검토했다(pp.182-185). 흥미롭게도, 푸코에게 있어 교사는-오늘날 우리가 말하는 교사는 아니지만-우리를 자아 돌봄으로 이끄는 데 있어서 핵심이다(Peters, 2003). 유델은 학교에서 통합과 관련하여 "학생들의 위반하는 실천이 새로운 주체성을 어떻게 발달시키는지"(Youdell, 1999: p.105)를 밝히고자 한 앨런과 비슷한 방식으로 푸코를 받아들였다. 새로운 주체성이란 "장애가 있으며, 젠더화된 성적 주체들의 경험에 관한 새로운 지식을 촉진"하는 "젠더 정치"의 일종이었다(p.108). 앨런은 이러한 젠더 정치가 특수교육 대상 학생, 비장애 학생, 교사, 학교, 연구자들에 의해 어떻게 구체화되는지 살폈다. 그녀는 "연구에서 그들 자신의 역할과 그들이 생산한 특수교육 관련 지식의 효과를 검토하도록 하는" 윤리적 작업을 포함했다(p.124). 이는 내가 이 책을 쓰기 시작하면서 시도했던 모호한 방법이기도 하다. 물론 앨런은 장애와 관련하여 특별하고 감동적인 적절성을 갖는 자아와 타자와 관련된 윤리적 작업의 미학을 진지하게 행하였으며, 정치와 미학의 관계도 밝히고자 했다. 유델과 앨런은 모두 외부자의 시선에서 교육 내부를 밝히고자 했으며, 나 역시도 아주 일반화된 방법으로 시도했다. 그들은 교육 내부에서 작동하는 현재의 진리들과 존재의 양식 그리고 그 *비용*을 비용 부담을 가장 크게 지고 있는 사람들의 관점에서 분석했다.

그렇다면, 이 모든 것은 나와 우리를 어디로 이끄는가? 나는 이 작업을 통해 여기서 무엇을 이룰 수 있었는가? 나는 어떤 윤리적 주체를 말했는가? 그것은 내가 되고자 하는 종류의 사람과 어떤 관계가 있는가?

자신에 관한 글을 다시 쓰기

… 교육 연구자들은 새로운 진리에 대한 시도를 기꺼이 해야 한다. 새로운 "진리 체제"가 오랜 권위적 원칙들을 대체할 것이라는 사실을 늘 명심하고 분투해야 한다. 그러나 특정 지배 양식이 다른 것보다 훨씬 위험하다는 점도 인식해야만 한다(Butin, 2001: 174).

나는 이 책의 끝부분에서 나의 학문적 실천이 "진리 게임"과 통치 실천 안에서 구성되었고 지금도 그렇다는 것을 확실히 인식했다고 말했다. 그러나 이것이 고백의 실천은 아니며, 자기 완성, 자기 숙달, "존재의 미학"을 달성했다고 말하는 것 또한 아니라는 점을 명확히 하고자 한다. 근대적 맥락에서 저항과 해방의 과정은 자신을 인식하고 돌보는 과정의 일부이다.

내가 하고자 했던 것은 교육사회학과 교육정책연구와 관련하여 나자신을 다시 쓰는 것이었다. 교육사회학과 교육정책연구의 이론과 실천의 흐름과 경계를 다시 설정하고자 했으며 내가 소중히 여겼던 지적 좌표와 출발점의 일부를 해체했다. 이는 다른 방식으로 존재하는 사회학"의" 주체를 찾기 위해서였다. "투쟁하고 있는 것에 대해 생각하는 것은 투쟁을 통해 무엇이 되는지에 직접적으로 영향을 미친다."(Blacker,

1998, p.357) 푸코는 글쓰기를 "자기 기술(art of the self)"의 주된 테크닉 이자 "존재의 미학"을 탐구하고, 자아와 타자의 통치를 고찰하는 수단으로 보았다. 그는 "기독교 이전 시기 자아의 철학적 문화에서 글쓰기와 도제 제도와의 긴밀한 관계, 글쓰기의 사유의 흐름에의 적용 가능성과 진리의 시험으로서의 역할"에 관해 논의했다(Foucault, 1997d, p.235). 또한 존재의 실재와 확실성을 추구하는 청중들에게 자기 글쓰기를 자신을 설명하고 표현하기 위한 신중하고 자의식적인 시도라고 설명했다 (Peter, 2000 참조). 이것은 내가 여기서 시도해 왔던 것들을 적절하게 종합한다. 하지만 다른 의미에서 나 자신과 독자들을 흔들고 혼란케 하며 거북하게 하는 나의 노력들은 불편할 수 있다. 내가 이 책을 쓴 가장 중요한 이유는 푸코가 나를 생각하도록 만들었다는 것이다. 특별히 여기서는 "윤리적 공간을 그리기 위해"(Burchell, 1996, p.34) 그의 연구를 활용하고자 했다. 이 공간은 다른 방식으로 지적 실천을 행하고, 위반의 가능성과 불가능성을 탐구하며, 다른 식으로 자기 자신과 관계를 맺도록 한다. 나는 점점 일방적인 "파르헤지아적 게임"(Foucault, 2001a, p.13)에서, 그렇게 '*하지 않음*'을 행함으로 인한 결과와 대가가 아니라 진리를 말하기의 위험과 대가를 선택했다.

하버마스(Habermas)가 푸코에 대해 말했듯, 나 또한 *현재의 심장을 명중시킬 목적으로* 현재의 교육 역사를 쓰고, 교육정책의 역사를 다시 쓰기 시작했으며, 이를 통해 토대를 위반하고 뒤흔들고자 했다. 즉, 교육정책을 실천과 진리, 주체의 역사이자 권력관계와 통치의 역사로서 다시 쓰는 것이다. 나는 교육정책의 내부로 관심을 돌리고자 했다. 배제에 관해 생각하기 위해 정책을 이용하기보다는 정책에 관해 생각하기 위해 배제와 아브젝시옹을 활용하였다. 아울러 타자에 대한 "저열한" 분류와 배제의 역사, 타자를 분리하는 방식, 인간성의 가능성의 한계를 설정하는 것에 주목했다. 나는 이것이 단지 시작일 뿐이며, 마무리를 위해서는 훨씬 더 많은 것들이 필요함을 잘 알고 있다.

나는 푸코의 방법을 진지하게 채택할 때, 그의 문제화를 적용하고자 할 때, 그리고 교육정책에 체계적으로 적용할 수 있는 고려할 만하고 실행 가능한 방법을 조사하고자 할 때, 일어날 가능성과 비용을 보여 주고자 했다.7) 이 모두는 나의 전략이었으며, 이 책에 담긴 정신이었다. 그리고 이것은 "푸코를 왜 읽어야 하는가?"라는 질문에 대한 나의 대답이다(Peters & Besley, 2007).

이 책을 어떻게 마무리할 것인가? 어디로 가야 하는가? 그리고 무엇을 하지 않았고, 다음에 무엇을 해야 할 것인가? 나는 이 질문에 대답하기보다는 미첼 딘과 푸코의 말로 대신하고자 한다.

그들의 우연한 성질을 보여 주기 위해, 또는 그들을 위반하는 것의 비용을 검토하기 위해서 그 한계를 더욱 명백히 밝힘으로써 우리는 그를 받아들이거나 거부하는 행동의 가능성에 다가간다. 무엇보다도 우리 자신과 우리의 현재에 대한 비판적 존재론의 초점은 우리를 그 위기와 위험, 그것의 이익과 기회에서 우리를 분명하게 만들어 준다는 것이다. 그럼으로써 우리는 아마도 행동하거나 단념할 것이다(Dean, 1999: 14).

좋습니다. 그거예요. 감사합니다(*생명관리권력의 탄생* 마지막 강연의 마지막, Foucault, 2010a: 313).

---

7) 2장에서 말했듯, 비용의 사고 속에서-경제적 의미로(Nealon, 2008, p.17), 억압의 비용과 관련되며 진리 말하기와 침묵 지키기의 비용의 측면에서 있어서-이루어지는 일련의 전체적인 계보학적 작업이 있다.

참고문헌

Ahmed, S. (2004). Declarations of whiteness: the non-performativity of anti-racism. borderlands e-journal, Retrieved from: www.borderlands.net.au/vol3no2_ 2004/ahmed_declarations.htm

Ainscow, M., Booth, T. et al. (1999). Inclusion and exclusion in school: Listening to some hidden voices. In K. Ballard (Ed.), *Inclusive education: international voices on disability and injustice.* London: Flamer Press.

Allan, J. (1999). *Actively seeking inclusion: pupils with special needs in mainstream schools.* London: Falmer Press.

Allan, J. (2003). Inclusion for all? *Scottish education: beyond devolution.* Edinburgh: University of Edinburgh Press.

Allan, J. (2005). Inclusion as an ethical project. In S.Tremain (Ed.), *Foucault and disability.* Ann Arbor, MI: University of Michigan Press.

Allan, J. (2008). Inclusion for all? *Scottish Education: Third edition: beyond devolution.* Edinbutgh: Edinbugh University Press.

Apple, M. (2006). *Educating the right way: markets, standards, God and inequality.* New York: Routledge. 성열관 역(2003). 『미국교육개혁, 옳은 길로 가고 있나』. 우리교육.

Apple, M. (2012). *Can education change society?* New York: Routledge. 강희룡, 김선우, 박원순 공역(2014). 『교육은 사회를 바꿀 수 있을까?』. 살림터.

Apple, M., & Pedroni, T. (2005). Conservative alliance building and African American support for voucher plans. *Teachers College Record*, 107(9), 2068-2105.

Armstrong, D. (2003). *Experiences of special education: re-evaluating* policy and practice through life stories. London: Routledge.

Armstrong, F. (2009). The historical development of special education: humanitarian rationality or 'wild profusion of entangled events?' *History of Education*, 31(5): 437—456.

Baker, B. (1998). 'Childhood' in the emergence and spread of U.S. public schools. In T. S.Popkewitz & M.Brennan (Eds.), *Foucault's challenge: discourse, knowledge and power in education*. New York: Teachers College Press.

Ball, S. J. (1993). What is policy? Texts, trajectories and toolboxes. *Discourse*, 13(2), 10—17.

Ball, S. J. (2012). *Global Education Inc.: new policy networks and the neoliberal imaginary*. London: Routledge.

Ball, S. J., Hull, R. et al. (1984). The tyranny of the Devil's mill: time and task in the school. In S.Delamont (Ed.), *Readings on interaction in the classroom*. London: Methuen.

Ball, S. J., Maguire, M. M. et al. (2011). Assessment technologies in schools: "deliverology" and the "play of dominations". *Research Papers in Education*. Published 18th March 2011 on iFirst.

Barker, M. (1981). *The new racism: conservatives and the ideology of the tribe*. London: Junction Books.

Barton, L., & Armstrong, F. (2007). *Policy, experience and change: cross—cultural reflections on inclusive education*. Dordrecht: Springer.

Bauman, Z. (1991). *Modernity and ambivalence*. Oxford: Polity Press.

Bauman, Z. (1996). Morality in the age of contingency. In P. Heelas, S.Lash, & P.Morris (Eds.), *Detraditionalization: critical reflections on authority and identity*. Oxford: Basil Blackwell.

Bauman, Z. (2004). Liquid sociality. In N. Gane (Ed.), *The future of social theory*. London: Continuum. 이일수 역(2009). 『액체근대』. 강.

Benjamin, S. (2006). From "idiot child" to "mental defective":

schooling and the production of intellectual disability in the UK 1850−1944. *Educate: The Journal of Doctoral Research in Education*, 1(1), 23−44.

Bennett, T. (1995). *The birth of the museum, history, theory, politics*. London: Routledge.

Bernstein, B. (1990). *The structuring of pedagogic discourse*. London: Routledge.

Bernstein, B. (2001a). From pedagogies to knowledges. In A.Morais, I.Neves, B.Davies, & H.Daniels (Eds.), *Towards a sociology of pedagogy*. New York: Peter Lang.

Bernstein, B. (2001b). Video conference with Basil Bernstein. In A.Morais, I.Neves, B.Davies, & H.Daniels (Eds.), *Towards a sociology of pedagogy*. New York: Peter Lang.

Bernstein, R. (1994). Foucault: critique as a philosophical ethos. In M.Kelly (Ed.), *Critique and power: recasting the Foucault/ Habermas debate*. Cambridge, MA: MIT Press.

Besley, T. (2005). Foucault, truth telling and technologies of the self in schools. *Journal of Educational Enquiry*, 6(1), 76−89.

Blacker, D. (1998). Intellectuals at work and in power: towards a Foucauldian research ethic. In T. S.Popkewitz, & M.Brennan (Eds.), *Foucault's challenge: discourse, knowledge and power in education*. New York: Teachers College Press.

Bourdieu, P. (1986). *Distinction: a social critique of the judgement of taste*. London: Routledge. 최종철 역(2005). 『구별짓기』. 새물결.

Bourdieu, P., & Champagne, P. (1999). Outcasts on the inside. In P.Bourdieu (Ed.) *The weight of the world*. Cambridge: Polity Press.

Broadhead, L−A., and Howard, S. (1998). 'The art of punishing': the Research Assessment Exercise and the ritualisation of power in higher education. *Education Policy Analysis Archives*, 6(8). Retrieved from http://epaa.asu.edu/epaa/v6n8.html

Burchell, G. (1996). Liberal government and techniques of the self.

In A.Barry, T.Osborne, & N.Rose (Eds.), *Foucault and political reason*. London: UCL Press.

Burt, C. (1937). *The backward child*. London: University of London Press.

Butin, D. (2001). If this is resistance I would hate to see domination: retrieving Foucault's notion of resistance within educational research. *Educational Studies*, 32(2), 157-176.

Butler, J. (1990). *Gender trouble*. London: Routledge. 조현준 역 (2008). 『젠더 트러블』. 문학동네.

Butler, J. (2004). *Undoing gender*. New York and London: Routledge. 조현준 역(2015). 『젠더 허물기』. 문학과지성사.

Charles, E. (1936). *The menace of underpopulation: a biological study of the decline of population*. London: Watts & Co.

Chitty, C. (2009). *Eugenics, race and intelligence in education*. London: Continuum.

Chomsky, N., Foucault, F. et al. (2006). *The Chomsky-Foucault debate: on human nature*. New York: The New Press. 이종인 역(2009). 『촘스키와 푸코, 인간의 본성을 말하다』. 시대의창.

Coard, B. (1971). *How the West Indian child is made educationally subnormal by the British school system*. London: New Beacon Books.

Colley, H., James, D. et al. (2003). Learning as becoming in vocational education and training: class gender and the role of vocational habitus. *Journal of Vocational Education and Training*, 55(4), 471-496.

Cornwell, J. (2004). *Hitler's scientists: science, war and the Devil's pact*. Harmondsworth: Penguin. 김형근 역(2008). 『히틀러의 과학자들』. 크리에디트.

Craft, M. (Ed.). (1970). *Family, class and education*. London: Longman.

Davidson, A. I.(2003). *Introduction to abnormal: lectures at the College de France 1974-1975*. M. Foucault. London: Verso. 박

정자 역(2001). 『비정상인들』. 동문선.

Davies, B., & Petersen, E. B. (2005). Neo-liberal discourse and the academy: the forestalling of (collective) resistance. *Learning and Teaching in the Social Sciences*, 2(2), 77–98.

Deacon, R. (2006). From confinement to attachment: Michel Foucault on the rise of the school. *The European Legacy*, 11(2), 121–138.

Dean, M. (1991). *The constitution of poverty: toward a genealogy of liberal Governance*. London: Routledge.

Dean, M. (1994). *Critical and effective histories. Foucault's methods and historical sociology*. London and New York: Routledge.

Dean, M. (1999). *Governmentality: power and rule in moderm society*. London: Sage.

Dean, M. (2007). *Governing societies: political perspectives on domestic and international rule*. Maidenhead: Open University Press.

Defert, D., & Ewald, F. (Eds.). (2001). *Dits et Ecrits 1954–1988*. Vol. II, 1976–1988 Michel Foucault, Paris: Gallimard.

Deleuze, G. (1995). *Gilles Deleuze's interview on Foucault, 'life as a work of art' negotiations: 1972–1990* (M. Joughin, Trans.). New York: Columbia University Press.

Department for Education. (2010). *T*. Cm 7980, Department for Education.

Department *he importance of teaching. The Schools' White Paper 2010* for Education. (2011). *Support and aspiration: a new approach to special educational needs and disability*. Retrieved from London: www.eduation.gov.uk/../SEND%Green%20Paper. pdf

Devine-Eller, A. (2004). Applying Foucault to Education. Retrieved from http://issuu.com/gfbertini/docs/applying_foucault_to_education

DfES (2005). *Higher standards better schools for all*. London: DfES.

Dillon, M., & Lobo-Guerrero, L. (2008). Biopolitics of security in the 21st century. *Review of International Studies*, 34(2), 265 – 292.

Donald, J. (1992). *Sentimental education: schooling, popular culture and the regulation of liberty*. New York: Verso.

Dreyfus, H. L., & Rabinow, P. (1983). *Michel Foucault: beyond structuralism and hermeneutics*. Chicago, IL: University of Chicago Press. 서우석 역(1989). 『미셸푸코: 구조주의와 해석학을 넘어서』. 나남.

du Gay, P. (2004). Against "enterprise" (but not against "enterprise", for that would make no sense), Organization, 11(1) 37 – 57.

Dyhouse, C. (1983). Girls growing up in late Victorian and Edwardian England. *History*, 68(223), 268 – 374.

Edwards, R. (2002). Mobilizing lifelong learning: governmentality in educational practices. *Journal of Education Policy*, 17(3), 353 – 365.

Eggleston, J. (1976). Research in the sociology of education. *Paedagogica Europaea*, 11(1), 123 – 132.

Encyclopedia of Philosophy. Michel Foucault. Retrieved from www.lep.utm.edu/.

Eribon, D. (1991). *Michel Foucault*. Cambridge, MA: Harvard University Press. 박정자 역(2012). 『미셸 푸코, 1926~1984』. 그린비.

Evans, J., Rich, E. et al. (2008). Body pedagogies, P/policy, health and gender. *British Educational Research Journal*, 34(3), 367 – 403.

Falk, C. (1999). Sentencing learners to life: retrofitting the academy for the information age. *Theory, Technology and Culture*, 22(1 – 2), 19 – 27.

Ferguson, A, A. (2000). *Bad boys public schools in the making of black masculinity*. Ann Arbor, MI: University of Michigan Press.

Floud, J. (1970). Social class factors in educational achievement. In M.Craft(Ed.), Family, class and education: a reader. London:

Longman.

Flynn, T. R. (2005). *Sartre, Foucault and historical reason vol 2: a poststructuralist mapping of history.* Chicago, IL: University of Chicago Press.

Foucault, M. (1970a). The order of discourse. Inaugural lecture at the Collège de France 2nd December 1970. In R.Young(Ed.), *Untying the text, a post-structuralist reorder* (pp. 49-78). Boston, MA: Routledge and Kegan Paul. 이정우 역(2012). 『담론의 질서』. 중원문화.

Foucault, M. (1970b). *The order of things.* New York: Pantheon. 이규현 역(2012). 『말과 사물』. 민음사.

Foucault, M. (1972, 1974). *The archeology of knowledge.* New York: Vintage. 이정우 역(2000). 『지식의 고고학』. 민음사.[1]

Foucault, M. (1975). *I, Pierre Riviere, having slaughtered my mother, my sister and my brother.* Harmondsworth: Penguin. 심세광(2008). 『나, 피에르 리비에르』. 앨피.

Foucault, M. (1976, 1981). *The history of sexuality vol. 1: the will to knowledge.* Harmondsworth: Penguin. 이규현 역(2004). 『성의 역사 1』. 나남.

Foucault, M. (1977a, 1979). *Discipline and punish.* New York: Pantheon Press. 오생근 역(2016). 『감시와 처벌』. 나남.

Foucault, M. (1977b). *Language, counter-memory, practice: selected essays and interviews.* Ithaca, NY: Cornell University Press.

Foucault, M. (1980a). Power/knowledge: selected interviews and other writings. New York: Pantheon. 홍성민 역(1991). 『권력과 지식: 미셸 푸코와의 대담』. 나남.

Foucault, M. (1980b). *Two lectures. Power/knowledge.* C. Gordon. London: Longman.

Foucault, M. (1982). The subject and power: afterword to H.

---

1) 동일한 저서이지만 다른 판본을 사용한 경우에 출판 연도만 추가하였다.

Dreyfus and P. Rabinow. In H. Dreyfus & P. Rabinow. *Michel Foucault: beyond structuralism and hermeneutics*. Chicago, IL: University of Chicago Press. 서우석 역(1989). 『미셸푸코: 구조주의와 해석학을 넘어서』. 나남.

Foucault, M. (1983a). Discourse and truth: the problematization of Parrhesia: 6 lectures given by Michel Foucault at the University of California at Berkeley, Oct – Nov. 1983. Berkeley University. Retrieved from http://foucault.info/documents/parrhesia/. 오트르망, 심세광, 전혜리(2017). 『담론과 진실』. 동녘.

Foucault, M. (1983b). Interview: structuralism and poststructuralism. Tehs 55, 195 – 211.

Foucault, M. (1983c). On the genealogy of ethics: an overview of work in progress. In H.Dreyfus & P.Rabinow (Eds.), *Michel Foucault: beyond structuralism and hermeneutics*. Chicago, IL: University of Chicago Press. 서우석 역(1989). 『미셸푸코: 구조주의와 해석학을 넘어서』. 나남.

Foucault, M. (1983d). Why study power: the question of the subject. In H.Dreyfus & P.Rabinow (Eds.), *Michel Foucault: beyond structuralism and hermeneutics*. Chicago, IL: University of Chicago Press. 서우석 역(1989). 『미셸푸코: 구조주의와 해석학을 넘어서』. 나남.

Foucault, M. (1984a). Nietzsche, genealogy, history. In P. Rabinow (Ed.), *The Foucault reader*. London: Peregrine.

Foucault, M. (1984b). What is Enlightenment? (Qu'est – ce que les Lumières?). In P.Rabinow (Ed.), *The Foucault Reader* (pp. 32 – 50). New York: Pantheon Books. 정일준 편역(1999). 『자유를 향한 참을 수 없는 열망』. 새물결.[2]

Foucault, M. (1984[1997]). Interview with Paul Rabinow. In Volume 1 *"Ethics" of "Essential Works of Foucault"*. New

---

2) 『자유를 향한 참을 수 없는 열망』(정일준 편역, 새물결, 1999, pp.177 – 200)에 실린 「계몽이란 무엇인가?」와 내용이 거의 같으나, 보들레르에 관한 내용이 누락되어 있다.

York: The New Press.

Foucault, M. (1988a). *Michel Foucault: politics, philosophy and culture - interviews and other writings 1977–1984*. New York: Routledge.

Foucault, M. (1988b). *Politics, philosophy, culture: interviews and other writings 1972–1977*. New York: Routledge.

Foucault, M. (1988c). Power, moral values and the intellectual: an interview with Micheal Bess, san Fransisco, 3rd November 1980. *History of the Present* 1–2, 11–13.

Foucault, M. (1988d). Truth, power, self: an interview with Michel Foucault. In L. H.Martin, H.Gutman, & P.Hutton. *Technologies of the self*. Amherst, MA: The University of Massachusetts Press. 이희원 역(2002). 『자기의 테크놀로지』. 동문선.

Foucault, M. (1991a). Questions of method. In G.Burchell, C.Gordon, & P.Miller (Eds.), *The Foucault effect: studies in governmentality*. Hemel Hempstead: Harvester/Wheatsheaf. 심성보, 유진, 이규원 공역(2014). 『푸코 효과: 통치성에 관한 연구』. 난장.

Foucault, M. (1991b). *Remarks on Marx: conversations with Duccio Trombadori*. New York: Semiotext(e). 이승철 역(2004). 『푸코의 맑스』. 갈무리.

Foucault, M. (1992). *The history of sexuality vol. 2: the use of pleasure*. Harmondsworth: Penguin. 문경자 역(2018). 『성의 역사 2』. 나남.

Foucault, M. (1993). About the beginning of the hermeneutics of the self: two lectures at Dartmouth. *Political Theory* 21(2), 198–227.

Foucault, M. (1996). *Foucault live: collected interviews, 1961–84*. S.Lotringer (Ed.). New York: Semiotext(e).

Foucault, M. (1997a). Polemics, politics and problematizations an interview conducted by Paul Rabinow in May 1984. (L. Davis, Trans.), *Essential works of Foucault: volume 1 ethics*. New

York: The New Press.

Foucault, M. (1997b). The ethics of the concern for self as a practice of freedom. In P.Rabinow (Ed.), *Michel Foucault: ethics, subjectivity and truth: the essential works of Michel Foucault 1954—1984. vol* 1. Harmondsworth: Penguin.

Foucault, M. (1997c). What is critique? (L. Hochrot, Trans.). In S.Lotringer & L.Hochroth (Eds.), *The politics of truth.* New York: Semiotext(e). 오르트망, 심세광, 전혜리 공역(2016). 『비판이란 무엇인가? 자기 수양』. 동녘.

Foucault, M. (1997d). Writing the self. In A. Davidson (Ed.), *Foucault and his interlocutors.* Chicago: University of Chicago Press.

Foucault, M. (1998). What is an author. In P.Rabinow (Ed.), *Aesthetics, method, and epistemology.* New York: The Free Press. 김현 역(1999). 『미셸 푸코의 문학 비평』. 문학과 지성사.[3]

Foucault, M. (2001a). *Fearless speech.* Los Angeles: Semiotext(e).

Foucault, M. (2001b). *Madness and civilization.* London: Routledge.

Foucault, M. (2003). *Abnormal: lectures at the College de France 1974—1975.* London: Verso. 박정자 역(2001). 『비정상인들』. 동문선.

Foucault, M. (2004a). *Society must be defended: Lectures at the Collhge de France, 1975—76.* London: Penguin Books. 김상운 역(2015). 『사회를 보호해야 한다』. 난장.

Foucault, M. (2004b). *The hermeneutics of the subject: lectures at the College de France 1981—82.* Basingstoke: Palgrave. 심세광 역(2007). 『주체의 해석학』. 동문선.

Foucault, M. (2006a). *Crise de la médecine ou crise de 'anti medicine'. Dits et écrits vol* Ⅲ, pp. 40—58. Paris: Gallimard.

Foucault, M. (2006b). *Psychiatric power. lectures at the Collège de France, 1973—1974.* Basingstoke: Palgrave Macmillan. 오트르망 역(2014). 『정신의학의 권력』. 난장.

Foucault, M. (2009). *Security, territory, population: lectures at the*

3) 전체 번역본이 아니라 「저자란 무엇인가?」만 pp.238—275에 수록하였다.

166

College de France 1977-78. New York, Palgrave Macmillan. 오트르망 역(2011). 『안전, 영토, 인구』. 난장.

Foucault, M. (2010a). *The birth of biopolitics: lectures at the College de France* 1978-1979. Basingstoke: Palgrave. 심세광 역 (2012). 『생명관리정치의 탄생』. 난장.

Foucault, M. (2010b). *The government of the self and others: lectures at the College de France* 1982-1983. Basingstoke: Palgrave.

Foucault, M. (2012). *The history of sexuality, volume 3: the care of the self.* New York: Knopf Doubleday Publishing Group. 이혜 숙 역(2004). 『성의 역사 3』. 나남.

Foucault, M. (n.d.). Self-writing. Retrieved from itsy.co.uk/ archive/sisn/Pos/green/foucault.doc

Gale, T. (2001). Critical policy sociology: historiography, archaeology and genealogy as methods of policy analysis. *Journal of Education Policy*, 16(5), 379-393.

Gee, J. (1999). New people in new worlds: networks, the new capitalism and schools. In B.Cope & M.Kalantzis (Eds.), *Multiliteracies: literacy learning and the design of social futures.* Lodon, Routledge.

Gillborn, D. (2010a). 'Reform, racism and the centrality of whiteness: assessment, ability and the new eugenics'. *Irish Educational Studies*, 29(3), 231-252.

Gillborn, D. (2010b). The white working class, racism and respectability: victims, degenerates and interest-convergence. *British Journal of Educational Studies*, 58(1), 3-25.

Gillborn, D., & Youdell, D. (2000). *Rationing education: policy, practice, reform and equity.* Buckingham: Open University Press.

Gillies, D. (2011). Agile bodies: a new imperative in neoliberal governance. *Journal of Education Policy*, 26(2), 207-223.

Gordon, C. (1991). Governmental Rationality: an introduction. In G.

Burchell, C. Gordon & P. Miller (Eds.), *The Foucault Effect: studies in governmentality*. Brighton: Harvester/Wheatsheaf. 심성보, 유진, 이규원 공역(2014). 『푸코 효과: 통치성에 관한 연구』. 난장.

Gordon, C., Miller, P. et al., (Eds.). (1991). *The Foucault effect: studies in governmentality*. Brighton: Harvester/Wheatsheaf. 심성보, 유진, 이규원 공역(2014). 『푸코 효과: 통치성에 관한 연구』. 난장.

Graham, J. (2011). *An exploration of African–Caribbean boys' underachievement and their stories of schooling: their own worst enemies?* (Unpublished PhD thesis). School of Sport and Education. Brunel University, London.

Graham, L. J., and Slee, R. (2008). An illusory interiority: interrogating the discourse/s of inclusion. *Educational Philosophy and Theory*, 40(2), 247–260.

Green, B. (1998). Born–again teaching? Governmentality, "grammar and public schooling. In T. S.Popkewitz & M.Brennan (Eds.), *Foucault's challenge: discourse, knowledge and power in education*. New York: Teachers College Press.

Gutting, G. (Ed.). (1994). *The Cambridge companion to Foucault*. Cambridge: Cambridge University Press.

Hacking, I. (1995). *Rewriting the soul: multiple personality and the sciences of memory*. Princeton, NJ: Princeton University Press.

Hall, S. (1989). Ethnicity, identity and difference. *Radical America*, 23(4), 9–20.

Harvey, D. (2005). *A brief history of neo–liberalism*. Oxford: Oxford University Press. 최병두 역(2017). 『신자유주의: 간략한 역사』. 한울아카데미.

Hatcher, C. (1998). *Making the enterprising manager in Australia: a genealogy*. (Unpublished PhD thesis). School of Cultural and Policy Studies, Faculty of Education. Queensland

University of Technology, Brisbane.

Haydon, G. (2004). Values education: sustaining the ethical environment. *Journal of Moral Education*, 33(2), 116–129.

Hernstein, R. J., & Murray, C. (1994). *The bell curve: intelligence and class structure in American life*, New York: The Free Press.

Higher Education Funding Council For England (HEFCE). (2009). *The research excellence framework: a brief guide to proposals (October)*. Lodon: HEFCE www.hefce.ac.uk/research/ref (accessed 2 June 2010).

Hill, V. (2005). Through the past darkly: a review of British Ability Scales. *Child and Adolescent Mental Health*, 10(2), 87–98.

Hogben, L. T. (Ed.). (1938). *Political arithmetic: a symposium of population studies*. London: G. Allen & Unwin Ltd.

Hoskin, K. (1990). Foucault under examination: the crypto–educationalist unmasked. In S. J. Ball (Ed.), *Foucault and education: disciplines and knowledge*. London: Routledge. 이 우진 역(2007). 『푸코와 교육』. 청계.

Humphries, S., & Gordon, P. (1992). *The experience of disability 1900–1950*. Plymouth: Northcote House.

Hunter, I. (1994). *Rethinking the school*. St Leonards: Allen and Unwin.

Hunter, I. (1996). Assembling the School. In A. Barry, T. Osborne & N. Rose (Eds.), *Foucault and political reason: Liberalism, neo–liberalism and rationalities of government*. London: UCL Press.

Hurt, J. S. (1988). *Outside the mainstream: A history of special education*. London: Batsford.

Hylton, K. (2009). *'Race' and sport: critical race theory*. London: Routledge.

Jessop, B. (2002). *The future of the capitalist state*. Cambridge: Polity.

Jones, D. (1990). The genealogy of the urban school teacher. In S. J. Ball (Ed.), *Foucault and education: Disciplines and knowledge*. London: Routledge.

Jones, D., & Ball, S. J. (1995). Michel Foucault and the discourse of education. In P. L.McLaren & J.Giarelli (Eds.), *Critical theory and educational research*. New York: SUNY Press.

Kay—Shuttleworth, J. (1862). *Four periods of public education as reviewed in 1832—1839—1846—1862 in papers*. London: Longman, Green, Longman, and Roberts.

Keep, E. (1997). 'There's no such thing as society...': some problems with an individual approach to creating a learning society. *Journal of Education Policy*, 12(6), 457—471.

Kelly, P. (2006). The entrepreneurial self and 'youth—at—risk': exploring the horizons of identity in the 21st century. *Journal of Youth Studies*, 9(1), 17—32.

Keynes, J. M. (1946). Opening remarks: the Galton lecture. *Eugenics Review*, 38(1), 39—40.

King, D., and R. Hansen. (1999). Experts at work: state autonomu, social learning and eugenic sterilization in 1930s Britain. *British Journal of Political Science*, 29(1), 77—107.

Ladson—Billings, G. (2009). Just what is critical race theory? In E.Taylor, D.Gillborn, & G.Ladson—Billings (Eds.), *Foundations of critical race theory*. New York and London: Routledge. 166 REFERENCES.

Larsen, M. A. (2011). *The making and shaping of the victorial teacher: a comparative new cultural history*. Basingstoke: Palgrave Macmillan.

Lazzarato, M. (2009). Neoliberalism in action: inequality, insecurity and the reconstitution of the social. *Theory, Culture and Society*, 26(6), 109—133.

Lee, A, & J. Hills (1998). *New Cycles of Disadvantage?* Report of a conference organised by CASE on behalf of ESRC for HM

Treasury. Swindon: ESRC.

Lemke, T. (2000). Foucault, governmentality, and critique. Paper pre— sented at the Rethinking Marxism Conference, University of Amherst (MA). Retrieved from http://www.andosciasociology.net/resources/Foucault$2C+Governmentalit y$2C+and+Critique+IV−2.pdf

Leys, C. (2001). *Market—driven politics*. London: Verso.

Lowe, R. (1998). The educational impact of the eugenics movement eugenics and the declining birth rate in twentieth century Britain, *International Journal of Educational Research*, 27(8), 647−660.

Lyotard, J.−F. (1984). *The postmodern condition: a report on knowledge*. Manchester: Manchester University Press. 유정완 역(2018). 『포스트모던의 조건』. 민음사.

MacNaughton, G. (2005). *Doing Foucault in early childhood studies: applying poststructural ideas*. London: Routledge.

Mahon, M. (1992). *Foucault's Nietzscean genealogy: truth, power and the subject*. Albany, NY: SUNY.

Marshall, J. (1989). Foucault and education. *Australian Journal of Education*, 2(1), 97−11.

Martin, L. H., Gutman, H. et al., (Eds.). (1988). *Technologies of the self a seminar with Michel Foucault*. London: Tavistock.

Maudsley, H. (1867). *The psychology and pathology of mind*. London: MacMillan.

McCulloch, G. (2011). Sensing the realities of english middle—class education: James Bryce and the schools inquiry commission 1865−1868. *History of Education*, 40(5), 599−613.

McGushin, E. (2011). Foucault's theory and practice of subjectivity. In D. Taylor (Ed.), *Michel Foucault: Key concepts*. Durham: Acumen.

McNay, L. (1994). *Foucault: A critical introduction*. Polity Press: Cambridge.

Mendieta, E. (2011). The practice of freedom. In D.Taylor (Ed.), *Michel Foucault: key concepts*. Durham: Acumen.

Midelfort, H. C. E. (1980). Madness and civilization in early modern Europe: a reappraisal of Michel Foucault. In B. C.Malament (Ed.), *After the reformation: essays in honor of J.H. Hexter*. Baltimore, MD: University of Pennsylvania Press.

Miller, P., & N. Rose (2008). *Governing the Present*. Cambridge: Polity Press.

Mills, S. (2003). *Michel Foucault*. London: Routledge. REFERENCES 167.

Mirza, H. S. (1998). Race, gender and IQ: the social consequence of a pseudo–scientific discourse. *Race Ethnicity and Education*, 1(1), 109–126.

Musgrove, F. (1970). The good home. In M.Craft (Ed.), *Family, class and education: a reader*. London: Longman.

Nealon, J. T. (2008). *Foucault beyond Foucault*. Stanford, CA: Stanford University Press.

Norwood Report, T. (1943). *Curriculum and examinations in secondary schools*. London: HM Stationery Office.

O'Flynn, G., and Petersen, E. B. (2007). The 'good life' and the rich port– folio': young women, schooling and neo–liberal subjectification. *British Journal of Sociology of Education*, 28(4), 459–472.

Oksala, J. (2007). *How to read Foucault*. London: Granta Books. 홍은영 역(2008). 『HOW TO READ 푸코』. 웅진지식하우스.

Olssen, M. (1993). Science and individualism in educational psychology: problems for practice and points of departure. *Educational Psychology*, 13(2), 155–172.

Olssen, M. (2006). *Michel Foucault: materialism and education*. London: Paradigm.

Olssen, M. (2011). The strange death of the liberal university: research assessments and the impact of research. In R.King,

S.Marginson, & R. Naidoo (Eds.), *A handbook of globalisation and higher education.* Cheltenham: Edward Elgar.

O'Malley, P. (1996). Risk and responsibility. In A. Barry, T. Osborne, & N. Rose (Eds.), *Foucault and political reason: Liberalism, neo−liberalism and rationalities of government.* London: UCL Press.

Ozga, J. (1998). The entrepreneurial researcher: re−formations of identity in the research marketplace. *International Studies in Sociology of Education*, 8(2), 143−153.

Ozga, J. (2008). Governing knowledge: research steering and research quality. *European Educational Research Journal*, 7(3), 261−272.

Ozga, J. (2009). Governing education through data in England: from regulation to self−evaluation. *Journal of Education Policy*, 24(2), 149−163.

Peck, J. (2003). Geography and public policy; mapping the penal state. *Progress in Human Geography*, 27(2), 222−232.

Perryman, J. (2007). Inspection and emotion. *Cambridge Journal of Education*, 37(2), 173−190.

Perryman, J, Ball, S. J. et al. (2011). Life in the pressure cooker − School league tables and English and mathematics teachers. *British journal of Educational Studies*, 59(2), 179−195.

Peters, M. (2000). Writing the self: Wittgenstein, confession and pedagogy. *Journal of Philosophy of Education*, 34(2), 353−368. 168 REFERENCES.

Peters, M. (2001). Education, Enterprise Culture and the Entrepreneurial Self: A Foucualdian Perspective. *Journal of Educational Enquiry*, 2(2), 58−71.

Peters, M. (2003). Truth−telling as an Educational Practice of the Self: Foucault, Parrhesia and the ethics of subjectivity. *Oxford Review of Education*, 29(2), 207−224.

Peters, M. A, & Besley, T. (Eds.). (2007). *Why Foucault? New directions in educational research*. New York: Peter Lang

Pignatelli, F. (1993). What can I do? Foucault on freedom and the question of teacher agency. *Educational Theory*, 43(4), 411−432.

Popkewitz, T. S., & Brennan, M. (Eds.). (1998). *Foucault's challenge: discours, knowledge and power in education*. New York: Teachers College Press.

Prado, C. G. (1995). *Starting with Foucault: an introduction to genealogy*. Boulder, CO: Westview Press.

Pritchard, D. G. (1963). *Education and the handicapped 1760−1960*. London: Routledge and Kegan Paul.

Rabinow, P., and Rose, N. (2003). Foucault today. In P.Rabinow & N.Rose (Eds.), *The essential works of Michel Foucault*. New York: New Press.

Rausch, C. (2012). *Fixing children: producing a hierarchy of learners in primary school processes*. History and Social Science Department, Institute of Education, University of London. PhD thesis.

Revel, J. (2008). *Dictionnaire Foucault*. Paris: ellipses.

Ringrose, J. (2011). *Post−feminist education? Girls and the sexual politics of schooling*. London: Routledge.

Rinne, R, Kallo, J. et al. (2004). Too eager to comply? OECD education policies and the Finnish response. *European Educational Research Journal*, 2(2), 454−485.

Roberts, R. (1973). *The Classic Slum: Salford Life in the First Quarter of the Century*. Harmondsworth: Pelican.

Rorty, R. (1982). *The consequences of pragmatism*. Minneapolis, MN: University of Minnesota Press. 김동식 역(1996). 『실용주의의 결과』. 민음사.

Rose, N. (1996). Governing "advanced" liberal democracies. In A.Barry, T.Osborne, & N.Rose (Eds.), *Foucault and political reason: liberalism, neo−liberalism and rationalities of government.* London: UCL Press.

Rose, N. (1998). *Inventing ourselves.* Cambridge: Polity Press.

Rose, N. (1999). *Powers of freedom: reframing political thought.* Cambridge: Cambridge University Press.

Rose, N., & Novas, C. (2004). Biological citizenship. In A.Ong & S.Collier (Eds.), *Global assemblages: technology, politics and ethics as anthropological problems* (pp. 439−463). Oxford: Blackwell. REFERENCES 169.

Roth, M. S. (1981). Foucault's "history of the present". *History and Theory,* 20(1), 32−46.

Samuelson, F. (1979). Putting Psychology on the Map: Ideology and Intelligence Testing. In A. R. Buss (Ed.), *Psychology in a Social Context.* New York: Irvington.

Sawicki, J. (1991). *Disciplining Foucault: feminism, power and the body.* New York, Routledge.

Scheurich, J. J. (1994). Policy archaeology: a new policy studies methodology. *Journal of Education Policy,* 9(4), 297−316.

Scull, A. T. (1979). *Museums of madness: the social organization of insanity in 19th century England.* Harmondsworth: Penguin Books.

Selden, S. (1999). *Inheriting the shame: the story of eugenics and racism in America.* New York: Teachers College Press.

Sewell, D. (2009). How eugenics poisoned the welfare state. *The Spectator,* 25 November.

Shapiro, M. (1992). *Reading the postmodern polity.* Minneapolis, MN: University of Minnesota Press.

Shein, A. (2004). A Foucauldian explanation of racism beyond Foucault's. Retrieved from http://www.panopticweb.com/2004 conference/3. shein.pdf

Sheridan, A. (1980). *Michel Foucault: the will to truth.* London: Tavistock.

Shoen, J. (2005). *Women and the politics of sterilization: an*

175

introduction to the history of North Carolina's eugenics program. Durham, NC: University of North Carolina Press.

Shore, C., & Wright, S. (1999). Audit culture and anthropology: neo–liberalism in British higher education. *The Journal of the Royal Anthropological Institute*, 5(4), 557–575.

Simons, J. (1995). *Foucault and the political.* London: Routledge.

Simons, M., & Masschelien, J. (2006). The permanent quality tribunal in education and the limits of education policy. *Policy Futures in Education*, 4(3), 294–307.

Sims, G. R. (1883). *How the Poor Live.* London: Chatto.

Slater, D., & Tonkiss, F. (2001). *Market society.* Cambridge: Polity Press.

Slee, R. (1997). Imported or important theory? Sociological interrogations of disablement and special education. *British Journal of Sociology in Education*, 18(3), 407–419.

Slee, R. (2011). *The irregular school: exclusion, schooling, and inclusive edu cation.* London: Routledge.

Slee, R., & Allan, J. (Eds.). (2008). *Doing inclusive educational research.* London: Sense. 170 REFERENCES.

Smith, R. (2007). *Being human: historical knowledge and the creation of human nature.* New York: Columbia University Press.

Spektorowski, A, & Mizrachi, E. (2004). Eugenics and the welfare state in Sweden: the politics of margins and the ideas of a productive society. *Journal of Contemporary History*, 39(3), 333–352.

Stobart, G. (2008). *Testing times: the uses and abuses of assessment.* London: Routledge. 손준종, 김범석, 김희정, 이성민 공역(2016). 『시험의 시대』. 박영스토리.

Stoler, A. L. (1995). *Race and the education of desire: Foucault's history of sexuality and the colonial order of things.* Durham, NC: Duke University Press.

Tamboukou, M. (2003). *Women, education and the self: a Foucauldian perspective.* Basingstoke: Palgrave Macmillan.

Tamboukou, M. (2012). Truth telling Foucault and Arendt: Parrhesia, the pariah and academics in dark times. *Journal of Education Policy.* Published in iFirst on 10th July 2012.

Tamboukou, M., & Ball, S. J. (Eds.). (2004). *Dangerous encounters: genealogy and ethnography. eruptions.* New York: Peter Lang.

Tate, T. (1857). *The Philosophy of Education; or, the Principles and Parctice of Teaching.* London: Longman, Brown, Green, Longmans and Roberts.

Taylor, C. (1986). Foucault on freedom and truth. In C.Hoy (Ed.), *Foucault: a critical reader.* Oxford: Blackwell.

Taylor, D. (2011). Practices of the self. In D. Taylor. (Ed.) *Michel Foucault: Key Concepts.* Durham: Acumen.

Terman, L. M. (1916). *The uses of intelligence tests.* Boston, MA: Houghton Mifflin.

Thaler, R. H., & Sunstein, C. R. (2008). *Nudge: improving decisions about health, wealth, and happiness.* New Haven, CT: Yale University Press. 안진환 역(2009). 『넛지』. 리더스북.

The Radnor Report (1908). Feeble—Minded (1904—1908) Cd. 4202. London: HMSO.

Thorndike, E. L. (1922). *The psychology of arithmetic.* New York: Macmillan.

Tilton, J. (2000). *Dangerous or endangered?: race and the politics of youth in urban America.* New York: New York University Press.

Troyna, B. (1994). The 'everyday world' of teachers? Deracialised discourses in the sociology of teachers and the teaching profession. *British journal of Sociology of Education,* 15(3), 325—339.

Tyler, I. (2006). Chav mum, chav scum: class disgust in contemporary

Britain. *Feminist Media Studies*, 8(1), 17–34.

Vander Schee, C. (2009). Fruit, vegetables, fatness, and Foucault: governing students and their families through school health policy. *Journal of Education Policy*, 24(5), 557–574. REFERENCES 171.

Venn, C., & Terranova, T. (2009). Introduction: thinking after Michel Foucault. *Theory, Culture and Society*, 26(6), 1–11.

Veyne, P. (2010). *Foucault: his thought, his character*. Cambridge: Polity Press.

Vincent, C. (2012). *Parenting responsibilities, risk and respect*. London: IOE Press.

Walzer, M. (1984). *Spheres of justice: a defence of pluralism and equality*. Oxford: Martin Robertson. 정원섭 역(1999). 『정의와 다원적 평등』. 철학과 현실사.

Warnock, M. (1978). *Special educational needs: committee of enquiry into the education of handicapped children*. London: HMSO.

Welshman, J. (n.d.). *The cycle of deprivation: myths and misconceptions*. Lancaster: University of Lancaster. Retrieved from http://www.longviewuk.com/pages/documents/PQcycle.pdf

White, H. (1978). *Tropics of discourse: essays in cultural criticism*. Baltimore, MD: Johns Hopkins University Press.

White, J. (2006). *Intelligence, destiny and education: the ideological roots of intelligence testing*. London: Routledge.

Wilson, D. (2007). *America's new black ghetto*. New York: Taylor & Francis.

Wittel, A. (2001). Towards a network sociality. *Theory, Culture and Society*, 18(6), 51–76.

Youdell, D. (2006). *Impossible bodies, impossible selves: exclusions and student subjectivities*. Dordrecht: Springer.

Youdell, D. (2011). *School trouble: identity, power and politics in education*. London: Routledge.

찾아보기

181

역자후기

　푸코(Michael Foucault, 1926−1984)는 매우 매력적이며 상당한 흥미를 불러일으키지만 다가가기 그렇게 쉽지 않다. 그가 다룬 '낯선' 주제들의 폭과 깊이 그리고 과거와 현재를 넘나드는 해박한 지식은 독자들의 기를 죽이기 충분했다. 무엇보다 이성, 진보, 확실성 등을 강조한 근대적 학문 체계를 통해 교육받은 사람들에게 그의 주장은 불편함과 당황스러움 그 자체이다. 하버마스(Habermas)는 푸코를 위한 조사에서 푸코를 마치 궁사(弓射)처럼 "현재의 심장을 조준(Taking aim at the heart of the present)"한 학자로 평가했다.1) 57세에 세상을 떠난 푸코의 주된 관심은 '현재의 역사(the history of the present)'였다. 그는 우리가 당연하게 생각하고 받아들이는 현재를 문제로 바라보고, 그 우연성(contingency)을 밝히고자 했다. 즉, 어떤 사고나 행동 유형이 특정 시기에는 문제로 규정되어 분류되는 반면에, 다른 시기에는 철저히 무시된 이유를 묻는다(Foucault, 1988).2) 이를 '문제화(problematization)'라고 하는데, 푸코의 관심은 현재에 대한 문제화였다.

　이 책을 관통하고 있는 핵심 물음은 교육자들이 "푸코를 왜 읽어야

---

1) 하버마스 추모사의 제목은 "현재의 심장을 겨눈다: 칸트의 계몽이란 무엇인가에 대한 푸코 강의에 관하여(Taking aim at the heart of the present: on Foucault's lecture on Kant's 'What is Enlightenment?')"이다. Habermas, J.(1995). *The New Conservatism: Cultural Criticism and the Historians' Debate*. (ch. 7). Cambridge: the MIT press.
2) Foucault, M.(1988). On problematization. *History of the Present*, 4, 16−17.

하는가?"이다. 교육적으로 푸코는 어떤 의미를 지니고 있으며, 그의 연구는 교육적으로 어떻게 읽어야 하는가에 관한 책이다. 오늘날 영국을 대표하는 교육사회학자인 저자 스테판 볼(S. J. Ball)은 이 문제에 대한 대답을 찾고자 한다. 볼은 "푸코를 왜 읽어야 하는가?"라는 질문을 네 가지로 구분한다: '푸코에 관한 책은 더 필요한가?', '교육정책의 역사를 어떻게 읽어야 하는가?', '교육적 분류와 분리는 어떻게 읽어야 하는가?', '어떻게 하면 권력관계에 저항하고 자유로울 수 있는가?' 이 책은 이들 질문을 중심으로 전체 4개의 장으로 구성되어 있다. 각 장은 엄격한 순서에 따라 구성된 것은 아니며, 책의 구성 또한 논리적으로 탄탄하지 않다. 오히려 각 장은 독립된 성격을 갖는 소논문이라고 할 수 있다. 그러나 책 전체를 개관한다는 점에서 그리고 저자의 집필 의도를 파악한다는 점에서 제1장을 먼저 읽기를 권한다. 다른 장들은 순서대로 읽지 않아도 크게 관계없다.

제1장은 볼이 이 책을 쓰게 된 개인적 소회를 밝힌 '자신의 역사를 다시 쓰기'이다. '나(내)'가 주어인 자전적 글쓰기의 형태를 취하기 때문에 조금은 낯설고, 어떤 부분은 저자의 잡담이라는 생각이 들기도 한다. 그러나 교육사회학자로서의 정체성을 바탕으로 일생을 산 자신에게 푸코와의 만남은 학자적 정체성을 흔드는 일이었음을 다음과 같이 고백하고 있다.

푸코를 읽는 것은 투쟁이자 충격이었으며 경이로움 그 자체였다. … 푸코는 당황스럽다. 푸코의 많은 독창적 아이디어들은 … 교육과정, 교육제도, 교육정책 관련 연구에서 매우 중요하다. 그렇지만 푸코의 관점, 연구 스타일, 학자와 지식인으로서의 면모 그리고 '어떤 것'이 되지 않으려는 그의 투쟁은 나에게도 똑같이

184

중요했다(p.10).

볼은 푸코와의 만남이 '투쟁, 충격, 경이로움'이었으며, 학자로서 자신의 삶을 '다시 쓰도록' 하는 계기가 되었다는 것이다. 그것이 바로 푸코 관련 저서와 연구물들이 넘쳐나는 데에도 불구하고 자신이 푸코에 관한 책을 쓰게 된 계기라고 말한다. 그리고 자신이 이해한 푸코를 바탕으로 종래의 교육사회학은 어떤 의미와 한계를 갖는지를 담담하게 써 내려가고 있다. 더불어 푸코의 개념과 방법을 활용하여 교육을 이해하고 연구하려는 사람들에게 필요한 권력, 고고학, 계보학, 지식 등에 대한 개념을 소개하고 있다.

제1장이 학자로서 '개인의 역사를 다시 쓰기'였다면, 제2장은 교육정책의 역사를 계보학적으로 재구성한 '교육정책의 역사를 다시 쓰기'이다. 볼은 영국을 중심으로 근대교육을 권력관계와 관련하여 분석하는데, 교육을 통해 학생들이 분류, 배제, 정상화, 수정되는 일련의 과정을 분석한다. 교육정책의 역사를 다시 쓰는 볼의 입장은 다음과 같다.

현재의 학교교육과 교육정책의 역사를 재고하는 것과 관련된 다양한 방식들을 소개했다. 분류, 배제, 정상화, 수정(치료/개선), 시간, 전문가, 그리고 지식의 역사가 그것이다. 보다 일반적으로 말하면 주체(교사, 학습자, "타자들")의 역사이자 실천(시험, 집단을 나누는 교육학)의 역사이며 담론(심리학, 유전, 비정상성)의 역사라고 할 수 있다. 여기에서는 계보학적 논의와 함께 또 다른 교육정책의 역사, 즉 피의 역사를 살펴보고자 한다(p.59).

볼에게 교육정책의 역사란 교육을 통해 정상과 비정상을 분류하고 분리하는 역사였다. 푸코는 권력관계를 통해 '통치되는' 그리고 '통치 되도록 하는' 방식에 관심이 있었다. 그리고 통치와 관련된 권력을 영토를 대상으로 한 사목 권력, 개인의 몸에 주목한 규율 권력, 살아 있는 인구 전체를 대상으로 하는 생명관리 권력으로 구분했다. 그는 모든 시대를 관통하는 하나의 통치 합리성이 존재하는 것이 아니라, 특정 역사적 시점에 따라 새로운 통치 합리성이 출현한다고 보았다(손준종, 2017: 166).3) 볼은 이러한 권력관계의 변화에 따른 통치 합리성과 교육정책과의 역사를 분석하고 있다. 볼은 2장에서 분류와 배제의 역사로서 교육정책 관련 연구물을 재구성하기 위한 기초를 다지고자 했으며, 엄청나게 다양한 푸코의 저작을 활용하여 학생이 어떻게 특정한 주체로 형성되는지를 밝히고 있다.

제3장은 근대교육의 '분류와 분리 그리고 차별의 역사를 다시 쓰기'에 관한 것이다. 2장이 교육정책의 역사에 대한 개념적 수준의 논의였다면, 3장은 성, 인종, 장애를 중심으로 분류와 배제의 계보를 분석하고, 이를 바탕으로 오늘날 학교에서 일어나고 있는 일상적인 분류와 배제를 논의하고자 한다. 다음은 3장에 대한 볼의 기본 입장이라고 할 수 있다.

푸코와 같이 우리가 외부의 관점, 즉 눈에 띄지 않고, 눈에 띄지 않게 되어 버린 개인들-범주화에 의해 그들 스스로를 말할 수 없는 이들, "특수" 또는 "비정상"인, 건강하지 않은 이들, "부적합한" 존재로 다루어진 이들-의 관점에서 교육정책을 연구한다면 어떻게 될까? 만약 우리가 그들이 권력과 맞닥뜨리는 것에

---

3) 손준종(2017). 『한국교육의 사회적 풍경: 교육사회학의 주제와 쟁점』. 서울: 학지사.

대해 생각한다면, 그들의 숨겨진 역사에 관심을 기울인다면 어떤 일이 일어날까?(p.87).

볼에 따르면 국가 수준의 표준화된 학업성취도 평가, 책무성 강조, 통합교육 등의 교육정책은 교육적 문제를 우생학이나 신인종주의 지식에 따라 규정함으로써 특정 집단을 비정상적 위치로 배제하는 기능을 담당한다. 그는 정상과 비정상을 구분하는 기준은 고정되어 있지 않고 권력/지식에 따라 새롭게 구성된다고 주장하고, 교육정책이 특정한 교육 주체의 생산과 어떤 관계가 있는지를 분석한다.

제4장은 신자유주의 시대의 주체를 분석하고 있다. 특히, 신자유주의 지배에 어떻게 저항하고 어떻게 자유를 누릴 것인가를 논의한다. 푸코는 지배가 있는 곳에 저항이 있다고 말한다. '어떻게 통치할 것인가?'라는 통치화(governmentalization)와 '어떻게 통치받지 않을 것인가?'라는 저항은 분리될 수 없다고 생각한다. 그는 '아무런' 통치도 받지 않는 것을 원하는 것이 아니라, 어떻게 '이런 식'으로 통치받지 않을 것인가 하는 점에 주목한다(Foucault, 2016 : 44).[4] 그는 이러한 관점을 비판적 태도라고 한다. 볼은 비판적 관점에서 신자유주의적 시장 자본주의의 통치를 개관하고, 어떻게 '그런 식'으로 통치받지 않으며, 그것에 어떻게 저항할 것인가를 4장에서 다루고 있다. 이에 관한 볼의 입장은 다음과 같다.

나는 *현재의 심장을 명중시킬 목적*으로 현재의 교육 역사를 쓰고, 교육정책의 역사를 다시 쓰기 시작했으며, 이를 통해 위반하

---

4) Foucault, M.(2015). *Qu'est-ce que la critique?* 오르트망, 심세광, 전혜리 역(2016). 『비판이란 무엇인가? 자기 수양』. 서울: 동녘.

고 기반을 뒤흔들고자 했다. 교육정책을 실천과 진리, 주체의 역사이자 권력관계와 통치의 역사로서 다시 쓰는 것이다. 나는 교육정책의 내부로 관심을 돌리고자 했다. … 타자에 대한 "저열한" 분류와 배제의 역사, 타자를 분리하는 방식 그리고 인간성의 가능성의 한계를 설정하는 것에 주목했다. 나는 이것이 단지 시작일 뿐이며, 마무리를 위해서는 훨씬 더 많은 것이 필요하다는 것을 잘 알고 있다(p.154).

런던대학교 교육학과에 재직하고 있는 볼은 이미 1990년에 푸코와 교육(Foucault and Education: Discipline and Knowledge)이라는 제목의 책을 편집한 바 있다. 이 책은 서론과 3개의 장 그리고 총 10편의 논문으로 구성되었으며, 부제처럼 주로 규율 권력의 관점에서 푸코와 교육의 관계를 분석하고 있다. 이 책의 일부(7편의 논문)가 『푸코와 교육』으로 번역된 바 있다.5) 푸코 입문서를 곁들여 읽는다면 이 책을 이해하는 데 도움을 받을 것으로 생각한다. 번역과 참고문헌을 정리하는 과정에서 푸코의 많은 저서가 우리말로 번역되어 있음을 알았다. 푸코를 읽고 공부하는 데 도움을 준 많은 번역자께 진심으로 감사드린다. 다른 언어로 쓰인 글을 저자의 생각을 헤아려 우리말로 번역하는 일은 참으로 힘든 일이지만, 이 작은 번역서가 푸코를 알고자 하는 교육자들에게 도움이 되기를 바라는 심정으로 출판을 결심하였다.

이 번역서는 한국교원대학교 대학원에서 교육사회학을 공부하는 모임인 다락방 식구들의 공동 작업이다. 역자의 능력 부족으로 이 얇

---

5) Ball, S.J. (ed.)(1990). *Foucault and Education: Discipline and Knowledge.* London: Routledge. 이우진 역(2007). 『푸코와 교육: 푸코를 통해 바라본 근대교육의 계보학』. 서울: 청계.

은 책의 번역이 참으로 힘들고 어려웠다. 학생을 가르치는 일과 번역하는 일을 병행하는 것이 생각보다 쉽지 않았다. 마무리하게 된 것만으로도 다행이라고 생각한다. 번역서를 출판하는 것이 목적이 아니라 공부하는 것이 우선이었으며, 이 책을 번역하여 함께 읽고 논의하면서 푸코를 이해하는 짜릿한 즐거움을 경험할 수 있었다. 역자로 이름을 올린 이들뿐만 아니라 다락방의 모든 벗이 공동 번역자인 셈이며, 다락방의 벗들에게 감사의 말을 전한다. 역자의 늑장과 게으름을 비위 좋게 견뎌 주신 박영사의 안상준 대표님, 박영스토리의 노현 대표님, 이선경 차장님 그리고 책을 아름답게 만들어 주신 황정원 님께 감사드린다. 힘겹게 탈고하고 나니, 무더위와 함께 여름이 갔다.

역자를 대표하여

손 준 종

저자 소개

볼(Stephen J. Ball)
영국 런던대학교 교육학과 칼 만하임 교수, 교육사회학 전공

역자 소개

손준종 한국교원대학교 교육학과 교수
오유진 부산 서여자고등학교 교사
김기홍 청주 성화초등학교 교사
황정란 부산 부산고등학교 교사

푸코와 교육: 현대 교육의 계보

초판발행	2019년 12월 10일
지은이	Stephen J. Ball
옮긴이	손준종 · 오유진 · 김기홍 · 황정란
펴낸이	노 현
편 집	황정원
기획/마케팅	이선경
표지디자인	박현정
제 작	우인도 · 고철민
펴낸곳	㈜ 피와이메이트
	서울특별시 금천구 가산디지털2로 53, 한라시그마밸리 210호(가산동)
	등록 2014. 2. 12. 제2018-000080호
전 화	02)733-6771
f a x	02)736-4818
e-mail	pys@pybook.co.kr
homepage	www.pybook.co.kr
I S B N	979-11-90151-41-2 93370

* 잘못된 책은 바꿔드립니다. 본서의 무단복제행위를 금합니다.
* 역자와 협의하여 인지첩부를 생략합니다.

정 가   13,000원

박영스토리는 박영사와 함께하는 브랜드입니다.